언어가 사라지면 인류는 어떻게 될까?

언어는 존재의 집이다.
마르틴 하이데거(Martin Heidegger, 독일의 철학자)

청소년 지식수다 4

언어가 사라지면 인류는 어떻게 될까?

실비 보시에 지음 | 배형은 옮김 | 이기용 감수

안녕하쉽니콰?
사랑훼이요우...

내인생의책

만약 언어가 세상에 존재하지 않았다면 우리의 삶은 어땠을까? 인간은 짐승과 달리 복잡한 개념이나 섬세한 감정을 언어로 표현하고 전달할 수 있다. 인간에게는 다른 동물과 차별되는 여러 가지 특징이 있지만 그중 언어는 가장 두드러진 인간만의 독창적 능력이다. 친구가 생일을 맞았을 때 축하의 말을 건넨다거나, 먼 나라로 유학을 떠난 이모에게 그리운 마음을 담아 이메일을 보내는 일은 오직 인간만이 할 수 있는 행동이다.

언어는 정보와 지식의 축적과 체계화를 가능케 한다. 자세하고 고차원적인 정보를 표현할 수 있는 언어가 있었기 때문에 인간은 자신들이 걸어온 발자취를 기록할 수 있었다. 인간은 생존에 필요한 갖가지 정보들을 글로 남겨 공유했고 자연의 아름다움을 언어로 노래했다. 언어로 작성된 기록물들은 고스란히 축적되어 후대에 전해졌다. 그 결과 인간은 역사를 갖게 되었고, 의학, 건축, 문학, 식생활과 의복에 이르는 다양한 분야에 걸쳐 큰 번영을 이룰 수 있었다. 언어가 있었기에 철학이 가능했고 수학이나 과학 같은 학문이 발전할 수 있었다.

이 책은 이러한 언어와 관련된 53개의 항목을 알파벳순으로 정리해 나열하였다. 이 항목 하나하나가 언어에 대한 질문이자 답이다. 언어학자인 나는 이 책의 원고를 받자마자 단숨에 읽어 내렸다. 언어에 대한 수많은 질문이 가능하겠지만 어떠한 문제를 고르고 어떻게 답변했는지가 궁금했기 때문이다. 나는 언어학 연구에 수십 년을 보낸 사람이지만 이 책에서 얻을 것이 많았다. 특히 어려운 내용을 이렇게 쉽고 재미있게 소개할 수 있다는 점이 상당히 인상적이었다. 더욱이 젊은이들이 만들어 낸 신조어 같은 경우에는 새롭게 배운 것이 많았다. 그러니 아무리 공부를 많이 했다고 자부하더라도 배울 것은 늘 있는 셈이다.

이 책은 언어학 전문 서적이 아니다. 그러나 전문 서적은 가끔 질문보다 더 이해하기 어려운 답을 제시하는 경우가 있다. 이 책은 언어의 기원에서부터 젊은 세대가 창조해 낸 신조어, 소쉬르와 같은 언어학자의 이론에 이르기까지 언어와 관련한 온갖 지식들을 사전처럼 소개하고 있다. 자칫 어려울 수 있는 지식을 독자의 눈높이에 맞추어 재미있게 전달하는 것이 이 책의 큰 미덕이다. 언어학자는 전문적인 논문만을 쓰는 사람이 아니다. 때로는 대중과 호흡할 수 있는 글을 쓸 의무가 있다. 그런 의미에서 이 책은 언어학을 전공한 나에게도 좋은 본보기가 된다. 따라서 동료 언어학자들에게도 일독을 권하고 싶다.

이기용 고려대학교 언어학과 명예교수

우리는 종일 말을 하며 살아간다. 수업 시간에 발표를 하거나 친구들과 신 나게 수다를 떨며 하루를 보낸다. 대화를 할 때 우리의 입에서는 소리가 나온다. 이때 나오는 소리에는 각각 의미가 담겨 있다. 입에서 나온 말소리의 의미는 상대편에 앉아 있는 사람에게 전해지고, 상대방은 귀로 듣고서 전달된 말의 의미를 이해할 수 있다. 같은 언어를 사용하는 사람끼리는 귀로 들은 말소리를 곧바로 뇌로 해독할 수 있는 셈이다.

한 사람이 말을 하면 듣는 사람은 그 말을 이해한다. 우리가 한 마디 한 마디 말할 때마다 이처럼 기적 같은 일이 벌어진다. 참으로 신기한 일이 아닐 수 없다. 과연 어떻게 매 순간 이렇게 신기한 일들이 벌어지는 것일까?

언어에 대한 궁금증은 거기서 그치지 않는다. 세상 사람들이 모두 한국어로 말하거나 영어로 말하면 편리할 텐데 왜 서로 다른 언어로 말할까? 언어가 없었다면 우리 인간은 어떤 삶을 살고 있을까? 수많은 질문들이 떠오르지만 정답은 알듯 말듯 하다.

이 책에는 이 질문들에 대한 답이 들어 있다. 언어에 대한 괴상하고 놀라운 이야기들을, 그러나 100퍼센트 진실된 이야기만을 잔뜩 담았다. 우리를 언어 속에 숨겨진 비밀의 세계로 안내해 줄 신비한 이야기들 말이다. 또한 이 책은 언어와 관련한 다양한 지식들을 알파벳순으로 정리해 둔 것이 큰 특징이다. 세상에는 언어와 관련된 갖가지 정보들이 넘쳐 난다. 그 많은 정보 중에서 옥석을 가려내고, 지식을 체계화하는 데 알파벳순으로 깔끔하게 정렬한 이 책이 큰 도움이 되리라 생각한다.

물론 이 책을 다 읽는다고 해서 키르기스스탄어나 우르두어, 핀란드어를 유창하게 말할 능력이 생기지는 않는다. 하지만 이 책을 읽으면 친구들과 대화를 나눌 때, 혹은 언어와 관련한 학교 수업시간에 모두를 놀라게 할 수는 있을 것이다. 친구들 중 브로카 영역이 어디에 위치한 영역인지 알고 있고, 교착어가 무엇인지 설명할 수 있으며, 엘리제르 벤 예후다가 자신의 아들에게 어떤 일을 했는지 알고 있는 유일한 사람이 될 테니까.

자, 이제부터 우리는 200여 국가를 여행하며 6,000가지 언어와 인사를 나눌 예정이다. 생명이 다해 이미 사라진 언어를 제외하고도 전 세계에 현존하는 언어는 무려 6,000가지나 된다. 그 중에는 문학가인 괴테나 록 밴드 스콜피언스의 모국어인 독일어처럼 세상에 널리 알려진 언어도 있고, 지금은 이 빠진 할머니 몇 명만 사용하는 자파라어처럼 죽어 가는 언어도 있다. 너무 어렵다고? 독일어나 자파라어에 대해 잘 몰라도 상관없다. 책속으로의 여행이 끝나고 나면 글로비시를 사용해 인터넷 서핑을 즐기면 되니까!

차 례

차례

약어

각 단어의 첫 글자만 따서 모아 새로운 단어를 만드는 경우가 있다.

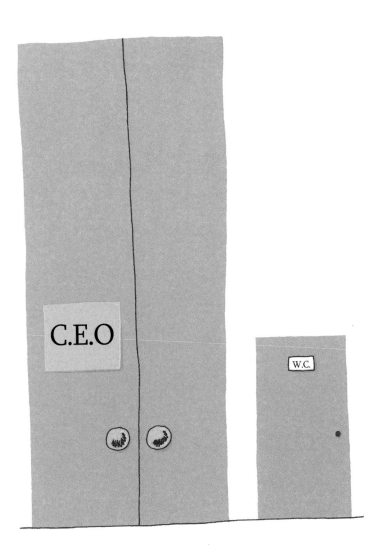

Abbreviation

유에프오(UFO), 유네스코(UNESCO), 에이즈(AIDS)는 마치 하나의 단어처럼 쓰이고 있지만 원래 여러 단어에서 한 음절씩 뽑아 만든 약어다. 예를 들어 유에프오는 'Unidentified Flying Object(미확인 비행 물체)'에서 각 단어의 첫 음절을 모아 만들었다. 레이더(Radar), ADSL, SMS 역시 일상 언어에 침투한 수많은 약어의 예다. 워낙 습관적으로 쓰이다 보니 약어가 원래 어떤 말에서 나왔는지조차 아무도 기억하지 못하는 경우도 흔하다. 레이더가 'Radio Detection and Ranging'의 약어라는 사실을 모르는 사람이 그 사실을 아는 사람보다 훨씬 더 많다.

약어는 현대인의 바쁜 생활 습관이 언어에 반영된 흔적이다. 더 빨리, 더 효율적으로 말하고 듣고 쓰기 위해 사람들은 긴 단어를 짧게 줄이기 시작했다. 처음에는 생소하게 느껴졌던 약어들이 사용되기 시작하고, 결국 사람들이 자주 사용하는 약어는 살아남아 일상 언어에 파고들게 된다.

때로 사람들은 재미를 위해 이미 만들어진 약어에 새로운 의미를 만들어 붙이기도 한다. 이때 약어가 가지고 있던 원래 의미와 연관되어 재미가 배가되는 경우도 있다. 예를 들어 BMW는 'Bavarian Motor Works'의 약자로, 비싼 고급 승용차를 팔기로 유명한 독일의 자동차 회사 이름이다. 그런데 어떤 사람들은 가끔 농담 삼아 '나 BMW 타고 다녀.'라고 말하기도 한다. 이때 BMW는 'Bus, Metro, Walking', 즉 대중교통을 뜻한다.

전문가 집단이 자기들만의 약어를 만들어 사용하기도 한다. CPR(Cardiopulmonary Resuscitation, 심폐소생술)이나 BCG(Bacille de Calmette-Guérin, 결핵 예방 백신) 같은 약어는 의학계에서, R&D(Research and Development, 연구 개발)와 M&A(Merges and Acquisitions, 인수 합병)와 같은 약어는 기업에서 주로 사용한다.

이렇게 널리 사용되고 있지만 약어는 대체로 수명이 짧다. 덧없는 생을 마친 뒤 유행에 휩쓸려 사라지는 경우가 대부분이다. 그러나 사람들에게 꾸준히 사랑을 받다가 사전 한 귀퉁이에 자리를 잡고 당당한 어휘로 이름을 올리는 약어도 있다.

애버리지니

애버리지니는 오스트레일리아의 원주민이다. 애버리지니들은 5만 년 전부터 거대한 섬인 오스트레일리아 대륙에서 살았다. 과거에는 애버리지니 100만 명이 약 500개의 부족을 이루어 살고 있었다.

Aborigenes

500개 부족은 모두 고유한 언어를 가지고 있었다. 각 부족의 언어는 서로 비슷하기는 했지만 저마다 특색이 있었다. 하지만 그 언어를 기록할 문자가 없었기 때문에 애버리지니들은 입에서 입으로 언어를 전하며 살았다.

어느 날, 자연과 조화를 이루어 살아가던 평화로운 애버리지니의 삶에 갑자기 유럽인들이 끼어들었다. 유럽인들은 애버리지니를 "한마디로 미개인이다."라고 단정 지었다.

오늘날 오스트레일리아라 부르는 이 외딴 지역은 1605년 네덜란드 사람 빌렘 얀스존에 의해 유럽인들에게 알려졌고, 그 뒤 1770년에 이르러 제임스 쿡이 이 거대한 땅을 방문하여 이곳이 '위대한' 영국 왕의 영토임을 공식적으로 선언했다. 당시 제임스 쿡은 이 땅에 주인이 없다고 생각했다.

18세기 유럽 법률은 오스트레일리아를 '무주지'로 정하고 있었다. 무주지란 '비어 있는', '주인이 없는' 땅이라는 뜻이다. 애버리지니가 살고 있지 않았느냐고? 맞다. 하지만 유럽인들은 개의치 않았다. 미개인들은 섬 가운데로 쫓아내 버리면 그만이었다. 자기네 문화가 다른 문화보다 우월하다고 여긴 유럽인들은 다른 민족의 삶의 터전과 권리를 가로챈 것이다. 1788년, 영국은 사형수 1,500명을 오스트레일리아로 보냈다. 그중 적지 않은 수가 여러 번 범죄를 저지른 사람들이었다. 오스트레일리아를 새로운 유배지로 만들고자 했던 셈이다.

그러다 보니 상황은 토착민인 애버리지니에게 불리한 방향으로 흘러가고야 말았다. 일부 애버리지니는 잔혹한 식민 지배자가 옮겨 온 온갖 전염병에 걸려 죽었고 신성하게 여기던 땅을 유럽의 침략자들에게 약탈당한 이들도 부지기수였다. 애버리지니들은 백인들에게 저항하기 시작했다. 그러나 그 싸움으로 1만 명이 넘는 애버리지니가 학살당했다.

1920년에는 살아남은 애버리지니가 겨우 6만 명에 불과했다는 통계도 있다. 전체 인구의 96퍼센트가 사라진 것이다. 2008년에 이르러서야 오스트레일리아 정부가 이러한 일이 벌어진 점에 대해 공식적으로 사죄의 뜻을 표했지만 이미 늦은 일이었다.

지금은 약 500개의 애버리지니 고유 언어 중 약 200개만이 남아 있다. 하지만 그중 1,000명 이상이 쓰는 언어는 알야와라, 아닌딜랴콰, 왈피리 등 10여 개도 되지 않는다.

현재 대부분의 애버리지니는 영어를 쓴다. 일부 애버리지니 사이에서는 고유어 대신 영어를 기반으로 생겨난 크레올어가 사용된다. 케이프 요크 크레올과 오스트레일리아 크레올이 바로 그 언어들이다. 현재는 이 두 언어를 통해 여러 공동체가 교류하며 살아간다. 침략자들은 한 민족과 그들의 언어적, 문

화적 특수성을 말살했고, 그 여파는 지금까지도 이어져 내려온
다. 이처럼 언어에는 인종 차별과 전쟁 같은 슬픈 역사의 흔적이
묻어 있는 경우가 많다.

차용

언어에는 순수성이 존재하기 때문에 사투리나 외국어 등의 외부 요소에 의해 언어가 오염되지 않도록 지켜야 한다고 생각하는 사람이 많다. 외부 요소가 언어를 파괴하고 훼손하며 왜곡한다는 이유에서다.

Adoption

언어가 다른 언어에서 차용한 다양한 어휘로 구성된다는 사실을 모르는 사람들이 많다. 한 언어와 다른 언어 사이의 경계에는 빈틈이 아주 많다. 그 때문에 일부 어휘들은 쉽게 언어의 경계를 넘어 다른 언어에 섞여 들어온다. 그 몇몇 어휘는 어찌나 뿌리를 잘 내리는지 사람들이 자기네 언어라고 착각할 정도다. 이 같은 말들을 차용어라고 한다.

한국어에도 차용어가 많이 침투해 있다. 예를 들어 고무, 붓, 구두, 빵, 냄비, 아르바이트 등이 모두 차용어다. 하지만 이 단어들을 하나씩 살펴보면 단어에서 받는 느낌에 제각각 차이가 있다는 사실을 알 수 있다. 그러니까 고무, 구두, 붓 등은 전혀 외국에서 온 말 같지 않은 반면, 빵이나 아르바이트는 어쩐지 외국에서 들어온 말 같다는 느낌이 든다. 국어학자들은 이러한 느낌의 차이에 따라 차용어를 두 종류로 구분한다. 차용된 지 아주 오래 되어서 완전히 한국어처럼 느껴지는 고무, 구두 등을 귀화어, 아직 생소한 느낌이 드는 아르바이트 같은 말을 외래어라 부른다.

차용어의 역사는 평화적으로든, 혹은 무기를 든 채로 서로 마주했든 오랜 세월에 걸친 민족과 민족 간의 역사이기도 하다. 그래서 차용어의 역사 속에서 우리는 인종주의의 흔적을 발견할 수도 있다. 예를 들어 베트남어 '냐 꿰(nha qué)'는 '농부'라는 뜻이다. 프랑스인들은 이 단어를 가져다가 인종 차별적 의미가 담긴 '냐크웨(niaquoué)'라는 신조어를 만들어 냈다. 제2차 세계 대전 중에 아시아에서 건너온 가난한 사람들을 가리키는 말이다. 하지만 다행히도 어휘의 차용이 항상 이렇게 부정적인 효과를 내지만은 않는다.

●연관 키워드

교착어

1836년 독일인 빌헬름 폰 훔볼트가 교착어 개념을 최초로 발명해냈다.
훔볼트의 이론이 발표되자마자 언어학계의 관심이 교착어에 집중되었다.

터키어 'ev'는 '집'이라는 뜻이다. 여기에 im을 붙이면 'evim', 즉 '나의 집'이 된다. 이것을 다시 복수형으로 변환하면 'evlerim', 즉 '나의 집들'을 뜻하며, 문법 규칙에 따라 약간의 변화를 주면 'evimden', 즉 '나의 집으로부터' 같은 말을 손쉽게 만들 수 있다. 한편, 스와힐리어에서 'penda'는 '사랑한다'는 뜻이고 접두사 ana를 붙이면 'anapenda', 즉 '그는 사랑한다'가 된다. 또한 'atapenda'는 '그는 사랑할 것이다', 'utanipenda'는 '너는 나를 사랑할 것이다'라는 뜻이다. 이런 식으로 하나의 어근에 다양한 접사를 활용하여 여러 가지 표현을 생성하는 언어를 교착어라고 한다.

교착어에는 다음과 같은 특징이 있다. 교착어에는 접두사와 접미사라는 접사가 존재한다. 접두사와 접미사는 저마다 독립된 의미를 갖고 있는데, 단어의 앞이나 뒤에 접두사나 접미사가 붙으면 단어의 원래 의미가 달라진다. 이때 원래 의미를 지닌 단어를 '어근'이라고 부른다. 교착어는 레고 블록을 하나하나 맞춰나가듯이 접사와 어근의 결합만으로도 얼마든지 새로운 단어를 만들어 낼 수 있다.

교착어의 대표적인 예로는 한국어, 일본어가 있으며, 그 외

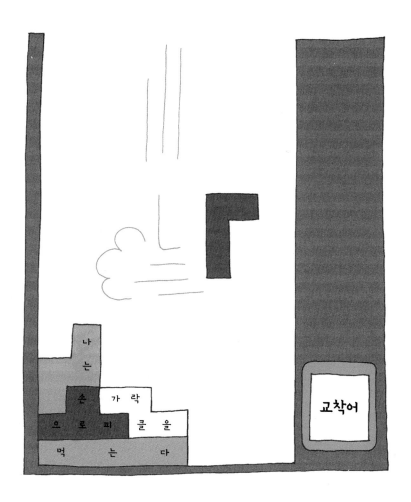

에도 터키어, 케추아어, 스와힐리어, 핀란드어, 헝가리어 등이
교착어다.

반면, 어근과 접사의 구분이 명확하지 않고 문법적 의미에 따
라 단어의 형태 자체가 변하는 언어를 굴절어라고 부른다. 독일
어, 러시아어, 그리스어, 산스크리트어 등이 대표적인 굴절어다.

하지만 굴절어인 독일어도 정도는 덜하지만 교착어의 특성을 가지고 있다. 그래서 몇 가지 요소의 결합만으로 새로운 의미의 독일어 단어를 창조할 수 있다.

특히 독일어에서는 숫자가 다음과 같은 방식으로 만들어진다. 예를 들어 723,674(칠십이만 삼천육백칠십사)는 독일어로 'Siebenhundertdreiundzwanzigtausendsechshundertvierundsiebzig'라고 쓴다. 프랑스어에서 가장 긴 단어로 유명한 'Anticonstitutionnellement(위헌적으로)'를 뺨칠 정도로 길다. 그런데 이 프랑스어 단어 역시 교착어의 한 유형으로, '반대'를 뜻하는 접두사 'anti'와 부사임을 표시하는 접미사 '-ment'가 붙어 만들어졌다.

교착어, 굴절어와 달리 고립어는 단어의 형태가 절대로 변하지 않는다. 고립어의 대표적인 예로는 중국어가 있다.

●연관 키워드

약어 | 애버리지니 | 차용 | 교착어 | 알파벳 | 바벨 | 개코원숭이 | 아기 | 비슬라마어 | 뇌 | 컴퓨터 번역 | 크레올 | 크로마뇽인 | 영어 할 줄 아세요? | 언어 예절 | 프랑스어 | 언어의 기능 | 글로비시 | 신 | 그리오 | 유머 | 표의 문자 | 관용구 | 인도 | 직업 | 한국어 | 어족 | 언어 다양성 | 라틴어와 프랑스어 | 문자 | 의미 | 모어 | 음악성 | 나라 | 신조어 | 노블랑그 | 숫자 | 감탄사 | 정치적 수사 | 정신 분석 | 키보드 | 구조 | 소쉬르 | 수화 | 침묵 | 은어 | 번역 | 유네스코 | 목소리 | 인터넷 | 언어의 수 | 엘리제르 벤 예후다 | 자멘호프

알파벳

알파벳은 말소리를 글로 옮겨 적을 수 있는 매우 경제적인 시스템이다.
알파벳 문자 하나는 특정한 소리를 나타내고 이 소리들이 모여 의미를
지닌 단어를 만들어 낸다.

Alphabet

영어에서 사용하는 문자는 라틴 알파벳이다. 라틴 알파벳은 로마자라고도 하는데 모두 스물여섯 자로 이루어져 있다. 이 스물여섯 개의 문자들은 조합해 사용했을 때 특정한 소리를 만들어낸다. 그리고 그 소리가 모여 의미를 만들어내고 단어를 형성한다. 예를 들어 C, A, T라는 세 가지 문자는 각각 특정한 음으로 읽히지만 의미를 가지지는 않는다. 이 문자들이 함께 모여야 '캣Cat'이라는 의미를 가진 소리를 만들어 낼 수 있다. '캣Cat'이라는 소리를 들으면 영미권 사람들은 '야옹' 하고 우는 고양잇과 동물을 떠올리게 되는데, 이렇게 어떤 소리를 듣고 연상되는 대상이나 감정이 그 단어의 의미가 된다.

어떤 언어든 그 속에 든 소리의 수는 몇 가지로 정해져 있다. 라틴 알파벳은 바로 그 점에 착안해 고안된 표음 문자다. 표음 문자란 소리를 몇 개의 기호로 한정해 표현하고, 그 기호들을 조합해 더 많은 소리들을 표현할 수 있게 만든 문자다. 다양한 소리를 기록할 수 있는 알파벳의 발명은 인간의 삶에 놀라운 변화를 가져다 주었다. 소리로 표현된 말이라면 무엇이든 기록할 수 있게 되었고, 새롭게 탄생한 단어의 소리도 옮겨 적을 수 있었다. 그 뒤 사람들은 무엇이든 글로 적어서 표현하기 시작했다.

전 세계에는 라틴 알파벳 이외에도 아랍, 히브리, 그리스, 키릴, 데바나가리 등 백여 가지 종류의 표음 문자가 있다. 그중 가장 오래된 표음 문자인 셈 문자는 모음을 거의 표기하지 않는다. 셈 문자에서는 단어의 의미가 자음의 변화에 따라 달라지기 때문이다. 비슷한 예로 사어(死語, 사용하는 사람이 없어진 문자)가 된 아카드어가 있다. 아카드어에서는 'KTP'라는 자음의 묶음이 '(글을) 쓰다'라는 뜻을 나타낸다.

문자로 모음을 표시한다는 생각을 맨 처음 떠올린 사람들은 고대 그리스인이었다. 희곡과 민주주의, 그리스 철학과 같은 위대한 문화 유산을 남긴 그리스인들이 만들어 낸 또 하나의 위대

국제 음성 기호

여러분이 영어를 읽을 줄 안다면 프랑스어, 독일어, 덴마크어, 스페인어도 읽을 수 있을 것이다. 이 언어들은 모두 라틴 알파벳을 사용하니까. 하지만 각 언어의 세세한 발음은 조금씩 다르다. 그래서 글자만 보고 어떻게 발음되는지 정확하게 알 수는 없다. 국제 음성 기호는 발음을 정확히 알려 주는 기호다. 사전을 펼치면 단어 옆에 이 기호가 나와 있다. 예를 들어, 'chocolate'은 영어로는 초콜릿['tʃɑːklət], 프랑스어로는 쇼콜라[ʃɔkɔlaɑ]라고 발음된다. 이처럼 국제 음성 기호를 보면 처음 보는 단어도 발음할 수 있다. 하지만 음성 기호만으로 단어의 의미까지는 알 수 없다. 의미를 알기 위해서는 그 언어를 배우는 수밖에 별다른 도리가 없다.

한 발명품이 바로 문자의 모음 표기이다. 모음을 표기한다는 발상은 당시에도 아주 획기적이고 유용했다. 그리스어에서는 일부 모음의 변화가 동사의 의미를 변화시키는 중요한 요소였기 때문에 자음만 표기해서는 의미를 제대로 표현할 수 없었다. 그래서 페니키아 알파벳에는 없던 소리 'A, E, I, O, U'를 나타내는 기호를 보충해 새로운 문자 체계를 만들었다.

그렇게 탄생한 문자가 지금도 전 세계인이 널리 이용하고 있는 알파벳이다. 그리스인들이 모음을 추가한 덕분에 영어와 프랑스어를 비롯한 수많은 언어가 소리를 자유자재로 적을 수 있게 되었다. 더욱이 현대의 언어학자들은 그리스인들이 자음과 모음을 병기하기 시작한 덕분에 소리를 음절 단위로 묶어 단어를 분석하는 연구를 할 수 있게 되었다.

●**연관 키워드**

약어 ｜ 애버리지니 ｜ 차용 ｜ 교착어 ｜ **알파벳** ｜ 바벨 ｜ 개코원숭이 ｜ 아기 ｜ 비슬라마어 ｜ 뇌 ｜ 컴퓨터 번역 ｜ 크레올 ｜ 크로마뇽인 ｜ 영어 할 줄 아세요? ｜ 언어 예절 ｜ 프랑스어 ｜ 언어의 기능 ｜ 글로비시 ｜ 신 ｜ 그리오 ｜ 유머 ｜ 표의 문자 ｜ 관용구 ｜ 인도 ｜ 직업 ｜ 한국어 ｜ **어족** ｜ 언어 다양성 ｜ **라틴어와 프랑스어** ｜ 문자 ｜ 의미 ｜ 모어 ｜ 음악성 ｜ 나라 ｜ 신조어 ｜ 노블랑그 ｜ 숫자 ｜ 감탄사 ｜ 정치적 수사 ｜ 정신 분석 ｜ 키보드 ｜ 구조 ｜ 소쉬르 ｜ 수화 ｜ 침묵 ｜ 은어 ｜ 번역 ｜ 유네스코 ｜ 목소리 ｜ 인터넷 ｜ 언어의 수 ｜ 엘리제르 벤 예후다 ｜ 자멘호프

바벨

'바벨'은 실제로 존재하는 도시 이름이 아니다. 바벨은 신화에 나오는 도시다. 완성되지 못한 신화 속 도시. 성경의 창세기 11장에는 완성되지 못한 바벨의 비극적인 이야기가 담겨 있다.

Babel

바벨 이야기는 히브리 성경, 즉 기독교의 구약 성경에서 그 기록을 찾아볼 수 있다. 태곳적, 엄청나게 큰 홍수가 세상을 휩쓸었다. 홍수는 신이 지상에 내린 징벌이었다. 무시무시한 대홍수 탓에 모두가 죽고 노아라는 사람만이 살아남았다. 살아남은 노아는 아이를 낳았고, 그 후손이 아이를 낳고, 그 아이들이 또 아이를 낳았다. 인간은 다시 번성했으며, 그때까지만 해도 그들은 모두 같은 언어를 사용했다.

번성한 인간들은 살기 좋은 땅을 찾아 동쪽으로 이주하기 시작했다. 동방을 향해 나아가던 사람들은 어느 날 시날 평원에서 살기 좋은 땅을 발견했다. 그들은 그 땅에 바벨이라는 도시를 건설하기로 결정했다. 그리고 도시를 아름답게 꾸밀 방법을 고민하다가 하늘에 닿을 만큼 높은 탑을 도시 한복판에 쌓기로 했다.

남녀가 힘을 합쳐 공사를 시작했다. 우선 벽돌을 빚어서 구운 다음 벽돌 사이에 타르를 발라 가며 쌓았다. 한 층 한 층 쌓다 보니 탑은 어느새 구름에 닿아 있었다. 오늘날에도 찾아보기 힘든 초고층 빌딩이 탄생하는 순간이었다. 그런데 신은 그 탑이 탐탁지 않았다.

"인간들이 나만큼 강해져서 하늘을 정복하려는 건가? 하늘은

나의 영역이야. 인간들을 이대로 내버려 둘 수는 없어! 인간들이 모두 같은 언어를 쓰는 한 인간의 계획을 막을 수 없을 거야."

신은 인간이 사용하는 언어를 100여 가지 종류로 나누기로 결심했다. 서로 사용하는 언어가 달라지자 순식간에 혼란이 생겨났다. 탑 위에 올라가 건물을 쌓아올리던 일꾼들은 하루아침에 서로의 말을 알아들을 수 없게 되었다. "저 자는 손에 벽돌을 들고 뭐라고 하는 거야? 사다리를 흔드는 저 사람은 뭘 달라는 거지?" 탑 건설은 중지되었고 인간은 세상 곳곳으로 흩어졌다. 신의 뜻대로 이루어진 것이다. 신은 자신의 권위를 향한 인간의 광기 어린 도전을 이렇게 벌했다.

그런데 다시 한 번 생각해 보자. 이것을 정말 벌이라고 할 수 있을까? 보기에 따라서는 큰 징벌이다. 언어가 여러 개로 나뉘면서 언어는 일종의 권력의 도구가 되었다. 권력자들은 자기들만의 비밀 언어를 만들어서 약자들이 고급 정보에 쉽게 접근하지 못하도록 숨기기도 한다. 언어의 분화를 징벌로 볼 수 있는 이유는 또 있다. 서로 다른 언어 때문에 의사 소통에 어려움이 생겼고, 이로 인해 다른 언어를 사용하는 민족들 사이에 오해와 불화가 생겨난 것이다.

하지만 어떻게 보면 언어의 분화는 오히려 축복이기도 하다. 언어가 나뉜 덕분에 인류의 문화적 자산이 더욱 풍요로워졌다. 인류는 다양한 언어 덕분에 더 많은 것들을 표현할 수 있게 되었다. 서로 미묘하게 다른 언어들이 다른 언어의 빠진 부분을 메

위 줄 수 있는 것이다. 이를 테면 식물이나 동물 이름, 자연 환경 등을 표현한 말들을 예로 들 수 있다. 코알라나 바나나가 없는 지역에 사는 사람들은 이것들을 지칭할 말이 없었지만, 다른 지역의 말을 빌려와 사용했다. 언어와 언어가 교류하며 인류는 더 많은 것들을 표현할 수 있게 되었다.

오순절

오순절은 기독교 축제일로 예수가 죽고 나서 사흘 만에 부활한 뒤로 50일째 되는 날이다. 그런데 오순절 이야기는 바벨탑 이야기와 정반대의 이야기를 담고 있다. 사도행전에 따르면 예수의 첫 번째 제자들이 성령을 받는데, 이때 불의 혀가 제자들에게 내려와 머리 위에 나타난다. 그 뒤 성령을 받은 제자들은 어떤 언어든 이해할 수 있게 되었다고 한다. 과연 예수의 제자들은 실제로 여러 언어에 능통해져서 온갖 언어를 말할 수 있었을까? 아니면 단지 종교적 방언을 이해할 수 있었음을 뜻하는 것일까? 진실은 아무도 알 수 없다.

● **연관 키워드**

악어 | 애버리지니 | 차용 | 교착어 | 알파벳 | **바벨** | 개코원숭이 | 아기 | 비슬라마어 | 뇌 | 컴퓨터 번역 | 크레올 | 크로마뇽인 | 영어 할 줄 아세요? | 언어 예절 | 프랑스어 | 언어의 기능 | 글로비시 | 신 | 그리오 | 유머 | 표의 문자 | 관용구 | 인도 | 직업 | 한국어 | 어족 | 언어 다양성 | 라틴어와 프랑스어 | 문자 | 의미 | 모어 | 음악성 | 나라 | 신조어 | 노블랑그 | 숫자 | 감탄사 | 정치적 수사 | 정신 분석 | 키보드 | 구조 | 소쉬르 | 수화 | 침묵 | 은어 | 번역 | 유네스코 | 목소리 | 인터넷 | **언어의 수** | **엘리제르 벤 예후다** | **자멘호프**

개코원숭이

같은 종의 동물들은 서로 생존에 필요한 메시지를 주고받는다. 예를 들면 이런 메시지들이다. "내 영역에서 나가! 그러지 않으면 물어뜯어서 내쫓아 주마!" 또는 춤을 추거나 꼬리를 사용해서, 혹은 소리를 질러서 의사를 표현하는 동물도 있다.

Baboon

몇몇 종류의 곤충은 페로몬이라는 화학 물질을 내뿜어서 의사소통을 한다. 개미도 그중 하나다. 개미는 다른 개미의 더듬이를 건드려서 냄새로 '말'한다. 시각, 청각, 촉각, 후각 등 어떤 의사소통 수단을 채택했든 동물 언어의 주된 목적은 결국 하나다. 안전을 확보해서 자기네 종의 생존을 보장받는 것이다.

그렇다면 동물도 생존 이외의 다른 주제에 대해 서로 이야기를 나눌 수 있을까? 동물도 서로 감정을 나누거나 기억을 공유하고, 과거나 미래를 떠올리고 새로운 기술을 배울 수 있을까? 동물의 의사소통은 그렇게 다양한 내용을 전달할 수 없다. 동물의 언어로는 기껏해야 "밥 좀 줄래?" "엄마, 어디 있어?" 같은 의미밖에 전할 수 없어 사람이 하듯 복잡한 대화는 사실상 불가능하다.

우리가 "엄마, 어디 있어요?"라고 말할 때는 단지 엄마가 와 주기만을 바라지 않는다. 우리는 그 말을 하며 일단 엄마가 대답해 주기를 바라게 된다. 하지만 동물들은 그렇지 않은 경우가 많다. 우리와 유전적으로 비슷한 동물도 마찬가지다. 새끼 개코원숭이는 어미가 보이지 않으면 어쩔 줄 몰라 하며 큰 소리로 울부짖는다. 어미 원숭이는 그 소리를 듣자마자 서둘러 아기에게 달려간다. 하지만 새끼가 우는 소리에 대답을 하지는 않는다! 그래서 새끼는 어미가 눈에 보일 때까지 안심하지 못한다. 어미 개코원숭이는 왜 아무 말도 하지 않을까? 연구자들에 따르면 어미 원숭이는 새끼 원숭이의 머릿속에서 무슨 일이 일어나는지 상상하지 못한다고 한다. 어미가 내는 소리가 당황한 새끼를 달래줄 수 있다는 사실을 인지하지 못한다는 뜻이다. 이에 대해 언어학자 에밀 방베니스트는 '동물이 전하는 메시지는 주어진 상황에 대한 반응일 뿐'이라고 설명한다. 그렇기 때문에 메시지를 받은 쪽에서 꼭 대답을 할 필요는 없는 것이다.

말하는 원숭이?

2009년, 프랑스, 스코틀랜드, 코트디부아르의 연구자들이 동물의 의사소통과 관련한 보고서 한 건을 발표했다. 이 보고서는 약 2년 동안 코트디부아르에서 수행한 연구를 바탕으로 발표되었는데 내용이 무척 놀라웠다. 보고서는 삼림종 모나캠벨원숭이 수컷이 서로 다른 여섯 가지 종류의 울음소리를 낼 수 있다는 내용을 담고 있었다. 보고서에 따르면 모나캠벨원숭이는 "붐!", "크락!", "혹!", "혹쿠!", "크락쿠!", "왁쿠!" 등의 소리를 낸다고 한다. 모나캠벨원숭이는 이 소리들을 매번 다르게 조합해서 일종의 '문장'을 만들어내는데, 이를 통해 지금 나타난 포식자가 독수리인지 표범인지 등의 복잡한 정보를 전달하는 것이다. 비록 단순하지만 문장을 사용하는 원숭이가 발견된 것은 꽤 충격적인 발견이었다.

만약 동물들이 각각의 무리 안에서 자유롭게 의사소통할 수 있다면 동물은 인간의 말만 하지 못할 뿐 인간과 동등한 존재가 될 수 있을 것이다. 하지만 동물은 무수한 단어의 조합을 만들어 낼 언어 체계를 가지고 있지 않다. 다시 말해 동물에게는 언어적 창조성이 없는 것이다. 반면 우리 인간은 한없이 많은 문장을 만들어 더 복잡하고 고차원적인 언어 표현을 할 수 있다.

● **연관 키워드**

약어 | 애버리지니 | 차용 | 교착어 | 알파벳 | 바벨 | **개코원숭이** | 아기 | 비슬라마어 | 뇌 | 컴퓨터 번역 | 크레올 | 크로마뇽인 | 영어 할 줄 아세요? | 언어 예절 | 프랑스어 | **언어의 기능** | 글로비시 | 신 | 그리오 | 유머 | 표의 문자 | 관용구 | 인도 | 직업 | 한국어 | 어족 | 언어 다양성 | 라틴어와 프랑스어 | 문자 | 의미 | 모어 | 음악성 | 나라 | 신조어 | 노블랑그 | 숫자 | 감탄사 | 정치적 수사 | 정신 분석 | 키보드 | 구조 | 소쉬르 | 수화 | 침묵 | 은어 | 번역 | 유네스코 | 목소리 | 인터넷 | 언어의 수 | 엘리제르 벤 예후다 | 자멘호프

아기

아기는 말이 트이기 한참 전부터 주변 사람들이 사용하는 언어를 이해한다. 심지어 엄마 배 속에 있을 때부터 엄마의 목소리를 분명히 인식한다. 그리고 태어나는 순간 언어의 바다에 풍덩 빠지게 된다.

Baby

사람들은 아기에게 갖가지 말을 건다. 아기 앞에서 아기의 행동에 대해 이야기하고, 아기를 칭찬하는 말을 하기도 한다. 자신이 아기 시절을 어떻게 보냈는지 기억하는 사람은 아무도 없지만 갓난아기였던 시절은 인간의 언어 발달에 있어 결정적인 시기다. 입으로 만들어 내는 소리가 의사소통에 사용된다는 사실을 이 시기에 깨닫기 때문이다. 입으로 만들어 내는 소리가 고양이 울음소리나 냄비가 와장창 떨어지는 소리와는 아예 다르다는 사실도 이때 알게 된다.

사실 아기들은 감정 교류의 명수다. 아기에게는 성인의 말을 듣고 상대의 감정 상태와 분위기를 읽어내는 능력이 내재되어 있다. 그러나 이런 내재된 능력만으로 저절로 의사소통을 할 수 있는 성인으로 성장할 수는 없다. 아무도 말을 걸어 주지 않으면 아기는 침묵 속에 갇혀서 언어로 소통하는 법을 제대로 배우지 못한다. 이처럼 아기는 다른 사람과의 감정 교류를 통해 의사소통하는 방법을 배운다.

당연한 이야기지만 갓 태어난 아기는 말을 하지 못한다. 아직 말하는 법을 배우지 못했기 때문이다. 그런데 갓난아기는 말소리를 만들어 내는 일 역시 할 수 없다. 성대(후두, 구개 등)가 아직 준비가 되지 않았기 때문이다. 아기의 성대 구조는 성인보다 원숭이와 더 비슷하다. 물론 곧 말할 준비를 갖추게 된다는 점에서는 원숭이와 다르다. 아기의 뇌 안에는 태어날 때부터 언어를 배우기 위한 일종의 컴퓨터 장치가 갖춰져 있다. 그 컴퓨터는 인간의 언어를 모두 해독해 낼 수 있다. 어떤 언어든 상관없다. 같은 아기를 중국인이 키우면 그 아기는 중국어를 배우게 되고, 스페인 사람이 키우면 스페인어로 말을 시작하게 된다. 각 언어끼리는 저마다 다른 점이 굉장히 많지만 그 차이를 넘어서는 공통적인 체계가 존재하기 때문에 가능한 일이다.

아기는 처음 몇 달 동안 듣기만 한다. 그러다가 생후 4개월쯤이면 '바'와 '파' 같은 두 음절을 구분할 수 있게 된다는 사실이 실험을 통해 증명되었다. 7개월경에는 옹알이를 시작한다. 이때부터는 '바', '가'처럼 자음 하나와 모음 하나로 이루어진 음절을 발음한다. 10개월쯤이면 '엄마', '아빠'와 같은 외마디 단어를 말할 수 있다. 18개월경에는 "아기 과자 좋아."처럼 짧은 문장을 조합해서 말할 능력이 생긴다. 이때부터는 하루에 여러 개의 단어를 배우기 시작한다. 두 살 반쯤에는 거의 어른처럼 의사를 표현하기 시작하고, 사람들이 자기 말을 알아듣지 못하면 펄펄 뛰며 화를 내기도 한다!

● **연관 키워드**

약어 | 애버리지니 | 차용 | 교착어 | 알파벳 | 바벨 | 개코원숭이 | **아기** | 비슬라마어 | 뇌 | 컴퓨터 번역 | 크레올 | 크로마뇽인 | 영어 할 줄 아세요? | 언어 예절 | 프랑스어 | 언어의 기능 | 글로비시 | 신 | 그리오 | 유머 | 표의 문자 | 관용구 | 인도 | 직업 | 한국어 | 어족 | **언어 다양성** | 라틴어와 프랑스어 | 문자 | 의미 | 모어 | 음악성 | 나라 | 신조어 | 노블랑그 | 숫자 | 감탄사 | 정치적 수사 | 정신 분석 | 키보드 | 구조 | 소쉬르 | 수화 | 침묵 | 은어 | 번역 | 유네스코 | 목소리 | 인터넷 | 언어의 수 | **엘리제르 벤 예후다** | 자멘호프

비슬라마어

유럽의 식민지 정책으로 인해, 유럽인들은 토착민들이 살던 땅에 새로 이주하게 되었다. 그 때문에 토착민과 유럽인은 좋든 싫든 함께 일해야 하는 관계에 놓이게 되었다. 다시 말해 서로의 언어를 긴급히 이해해야 하는 상황에 처하게 된 것이었다.

Bislama

비슬라마어는 오스트레일리아 퀸슬랜드의 사탕수수 농장에서 최초로 만들어졌다. 이곳에서 고된 노동을 하는 사람들은 대부분 오스트레일리아 북쪽 멜라네시아 지역의 여러 섬에 살던 사람들이었다. 서로 사용하는 말이 달랐고, 농장 주인인 영국인들이 내리는 명령까지 알아들어야 했다. 시간이 흐르자 이 지역 사람들은 비슬라마어라는 새로운 언어를 창조해 냈다. 대부분의 어휘는 영어에서 가져왔다. 예를 들어 비슬라마어로 '고맙습니다'는 'tankyu(영어의 'Thank you'에서 나왔다)'라고 한다. 또한 '토론'은 'toktok(영어의 'talk'을 반복했다)'이라고 한다.

하지만 비슬라마어가 영어에 속한다고 볼 수는 없다. 동사 변화가 없는 점은 멜라네시아 문법과 같기 때문이다. 영국인도 오스트레일리아인도 가족과는 계속 자기 나라 말로 이야기했다. 멜라네시아 출신 일꾼들도 마찬가지였다. 그러나 서로 다른 민족끼리 만나면 비슬라마어로 이야기했고, 금세 두세 가지로 변형된 비슬라마어가 생겨났다.

멜라네시아 노동자들은 오스트레일리아를 떠나 고향인 솔로몬 제도나 뉴 헤브리데스 제도로 돌아가서도 이 새로운 언어를 사용했다. 새로운 지역의 주민들끼리도 멜라네시아어가 아닌 비슬라마어로 의사소통하게 된 것이다. 멜라네시아어의 종류가 너무 많아서 자신들끼리도 말이 잘 통하지 않았던 게 원인이었다. 그러던 어느 날 이곳에도 영국인이 나타났고 비슬라마어는 더 많이 사용되었다. 주민들은 영국인 소유의 농장에서 비슬라마어로 소통하며 고된 노동에 시달렸다.

피진

멜라네시아 지역의 원주민과 새로 유입된 유럽인들은 다른 두 가지 언어를 섞어서 서로 소통할 수 있는 새 언어를 만들어 냈다. 이런 종류의 언어를 '피진'이라고 한다. 피진이라는 이름은 영어와 중국어의 영향을 받아 생겨난 말이다. '사업'이라는 뜻의 영어 단어 'business'를 중국식 영어 발음으로 표기한 피진에서 나왔다고 추정하고 있다. 피진은 일시적인 의사소통 수단으로만 쓰이는 것이 일반적이다. 하지만 피진도 변화와 발전을 거듭해 크레올이라고 불리는 당당한 언어로 정착하기도 한다. 이처럼 다양한 언어를 구사하는 화자들이 만나고 적응하는 과정에서 새로운 언어가 탄생하기도 한다.

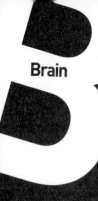

Brain

뇌

말은 입에서 나온다. 하지만 언어는 몸이라는 오케스트라의 위대한 지휘자인 뇌에서 형성되고 해석된다. 아무도 뇌를 특별히 의식하며 살아가지는 않지만, 우리는 두개골 아래에서 비밀스럽게 활동하는 뇌의 경이로운 능력을 매 순간 사용하고 있다.

Brain

우리는 친구들과 만나면 보통 "안녕!" 하고 인사한다. 하지만 겉보기에 간단해 보이는 이 "안녕!"이라는 한 마디에는 수많은 생각과 세상 경험이 담겨 있다.

만일 누군가 책가방에 대고 "안녕!"하고 인사하거나 길에서 마주친 사람에게 "오렌지!"라고 인사한다면 사람들은 그 사람의 정신 건강을 걱정할지도 모른다. 말은 외부 세계에 어떻게 받아들여지느냐에 따라 같은 말이라도 다른 의미를 지니게 되기 때문이다. 그런데 우리의 뇌는 아주 짧은 시간 동안에 외부 세계에 적합한 언어를 골라 낸다.

예를 들어 보자. 어느 날 길을 걷다가 아는 사람을 마주쳤다. 당신은 그 사람에게 예의 바르게 보이고 싶어서 상황에 맞게 "안녕하세요!" 하고 인사한다. 별것 아닌 것 같은 이 상황은 사실 뇌가 눈 깜짝할 사이에 복잡한 명령을 처리한 결과다. 이렇듯 뇌는 우리가 짧은 순간에, 정제된 언어로, 상황에 맞는 말을 할 수 있게 하는 놀라운 능력을 갖추고 있다.

또한 말은 조합에 따라서도 의미가 달라진다. 예컨대 말하는 능력 자체에는 문제가 없지만 말을 조리 있게 하지 못하는 증세를 보이는 언어 장애가 있다. "아, 올바르게, 하지 못해요, 나는 말을, 이발사들이, 여기서, 그들이 당신을 멈추면, 이건 영원히 계속될 거예요." 하는 식으로 뚝뚝 끊어진 말을 늘어놓게 되는 병이다. 보통 뇌의 베르니케 영역이 손상되면 이러한 언어 장애를 앓게 된다. 베르니케 영역은 이 부위를 처음 발견한 신경학자 칼 베르니케에게 경의를 표하는 뜻에서 붙여진 이름인데, 신경 섬유 다발로 이루어져 있으며, 뇌의 '브로카 영역'과 연결되어 있다.

브로카 영역

신경과 의사였던 폴 브로카는 실어증 환자 한 명을 오랫동안 추적 연구했다. 환자가 사망한 뒤 브로카는 환자의 뇌를 해부하여 관찰했고 1861년 그 결과를 책으로 펴냈다. 환자는 좌뇌의 전두엽 하측 피질이 손상되어 있었다. 브로카는 실어증 환자 여러 명의 뇌를 관찰했고, 매번 같은 부위가 손상되어 있는 것을 발견했다. 이곳이 바로 훗날 브로카 영역이라고 불리게 되는 부위다. 브로카 영역은 말을 만들어 발음하게 하는 기능을 맡고 있다.

●**연관 키워드**

약어 | 애버리지니 | 차용 | 교착어 | 알파벳 | 바벨 | 개코원숭이 | 아기 | 비슬라마어 | **뇌** | 컴퓨터 번역 | 크레올 | 크로마뇽인 | 영어 할 줄 아세요? | 언어 예절 | 프랑스어 | 언어의 기능 | 글로비시 | 신 | 그리오 | 유머 | 표의 문자 | 관용구 | 인도 | 직업 | 한국어 | 어족 | 언어 다양성 | 라틴어와 프랑스어 | 문자 | 의미 | 모어 | 음악성 | 나라 | 신조어 | 노블랑그 | 숫자 | 감탄사 | 정치적 수사 | **정신 분석** | 키보드 | 구조 | 소쉬르 | 수화 | 침묵 | 은어 | 번역 | 유네스코 | 목소리 | 인터넷 | 언어의 수 | 엘리제르 벤 예후다 | 자멘호프

컴퓨터 번역

현대인에게 컴퓨터는 삶에서 떼어 놓을 수 없는 도구가 되었다. 심지어 아침부터 저녁까지 컴퓨터 앞에만 매달려 있는 사람도 많다. 그런데 몇 년 전부터 사람들은 컴퓨터를 통해 자동 번역 서비스를 이용할 수 있게 되었다.

번역가가 필요 없는 세상이 오게 될까? 아직까지는 먼 이야기로 들린다. 번역가에게는 다행스러운 소식이다.

자동 번역은 지난 십여 년 간 크게 발전했다. 2000년대 초반까지 자동 번역 기술은 그리 쓸 만한 것이 아니었다. 그때는 번역기를 사용해 영어를 한국어로 자동 번역하면 '마음(heart)이 가득하다'는 문장이 '심장(heart)이 가득하다'로 잘못 번역되기도 했다. 한 단어에 여러 가지 뜻이 존재한다는 사실이 큰 장애물이 되었던 것이다.

하지만 그 뒤로 기술은 계속해서 발전했다. 한편에서 통사론적, 문법적 구조 연구를 통해 자동 번역 기술을 개선하는 동안 다른 쪽에서는 수많은 텍스트 자료를 분석했다. 그 덕분에 의료 분야의 글을 제외하고는 '마음이 가득하다'는 문장이 '심장이 가득하다'로 번역되는 일을 피할 수 있게 되었다.

그 결과 자동 번역이 아직 완벽한 번역을 제공하지는 못하지만, 번역에 드는 시간과 노력을 절약하는 방편이 될 수 있다고 여겨지기 시작했다. 자동 번역기를 사용해 초벌로 번역한 다음 인간의 지성으로 문장을 깔끔하게 다듬으면 된다는 인식이 생겨난 것이다. 그런데 자동 번역 기술은 번역할 언어 간의 문법 구조가 너무 차이 나지 않는 경우에 더 잘 작동한다. 또한 영어처럼 번역기에 활용 가능한 문서 데이터베이스가 풍부한 언어일수록 통계적 접근이 수월해진다.

음성 인식

우리는 5년 안에 현재의 자동 번역기보다 더 발전된 기술을 경험하게 될 것이다. 현재 세계 각국에서 외국어를 사용하는 사람과 즉시 대화를 나눌 수 있게 해 주는 통역 기계가 발명되고 있다. 원리는 간단하다. 컴퓨터 앞에 앉아서 마이크에 대고 모국어로 말하면 음성 인식 프로그램이 그 말을 기억 장치에 받아 옮긴다. 이렇게 기록된 글은 자동으로 상대방 나라의 언어로 번역된다. 번역된 글은 음성 인식 프로그램이 소리로 말해 준다. 하지만 이 기술은 꼭 필요할 때만 사용되는 기술로 남게 될 듯하다. 각 언어의 독특한 개성과 섬세한 특성까지 기계가 잡아내지 못할 가능성이 높기 때문이다. 무엇보다도 기계를 사이에 두고 이루어지는 대화가 사람과 사람 사이에 직접 소통하는 즐거움을 대체하지는 못할 듯하다.

●연관 키워드

약어 | 애버리지니 | 차용 | 교착어 | 알파벳 | 바벨 | 개코원숭이 | 아기 | 비슬라마어 | 뇌 | **컴퓨터 번역** | 크레올 | 크로마뇽인 | 영어 할 줄 아세요? | 언어 예절 | 프랑스어 | 언어의 기능 | 글로비시 | 신 | 그리오 | 유머 | 표의 문자 | 관용구 | 인도 | 직업 | 한국어 | 어족 | 언어 다양성 | 라틴어와 프랑스어 | 문자 | 의미 | 모어 | 음악성 | 나라 | 신조어 | 노블랑그 | 숫자 | 감탄사 | 정치적 수사 | 정신 분석 | 키보드 | 구조 | 소쉬르 | 수화 | 침묵 | 은어 | **번역** | 유네스코 | 목소리 | **인터넷** | 언어의 수 | 엘리제르 벤 예후다 | 자멘호프

Creole

크레올

피진은 문법 구조가 완연히 다른 언어를 사용하는 두 민족이 만나 서로 얽혀 생활한 결과 생성되는 언어다. 피진은 주로 한 민족이 다른 민족을 경제적으로 지배하게 되어 서로 의사소통할 필요가 있을 때 생겨난다.

Creole

일반적으로 피진은 일시적으로 사용되다가 사라진다. 그런데 때로는 피진이 일시적인 필요에 의해 사용되는 언어 차원에 머무르지 않는 경우가 있다. 피진이 복잡하게 진화해서 10년에서 20년 사이(굉장히 짧은 시간이다!)에 새로운 언어로 정착하는 경우다. 이렇게 새롭게 생겨난 피진을 구사하는 사람이 많아지면 피진이 그들의 공용어가 되고, 피진을 공용어로 쓰는 사람들이 다시 자신의 아이들에게 말을 가르치게 되면 어느새 피진이 하나의 당당한 언어로 자리 잡는 것이다. 이렇게 생성된 언어를 크레올이라고 부른다. 크레올은 인간의 무한한 창의력이 낳은 놀라운 결과물이다. 이처럼 인간은 서로 의사소통이 필요한 상황에 놓이면 늘 언어적 해결책을 찾아내곤 한다.

크레올에는 크레올 영어, 크레올 스페인어, 크레올 포르투갈어, 크레올 프랑스어가 있다. 지배 민족의 언어에 따라 명칭이 달라지는 것이다. 예를 들어 프랑스령 서인도 제도에서는 크레올 프랑스어를 쓴다. 서인도 제도에 노예로 잡혀 갔던 아프리카인들은 당시 서로 다른 여러 가지 부족의 언어를 사용하고 있었다. 따라서 자기들끼리도 말이 통하지 않았고 지배층의 말도 이해할 수 없었다. 그래서 프랑스어의 단어를 차용하되 모국어 문장의 구조를 살려서 급히 새로운 언어를 만들어 냈다. 동일한 현상이 레위니옹과 누벨칼레도니에서도 일어났다.

'크레올'이라는 말의 기원

다른 말이 모두 그렇듯 '크레올'이라는 단어에도 역사가 있다. 크레올은 라틴어로 '창조하다'라는 뜻인 '크레아레(creo, creare)'에서 온 말이다. 르네상스 시대가 도래하자, 유럽 각국의 식민지 정책이 시작되었다. 그로 인해 1598년부터 스페인어에 '크롤로'라는 단어가, 1670년부터는 프랑스어에 '크레올'이라는 단어가 등장했다. 하지만 그 의미는 달랐다. 스페인 식민지에서 크롤로는 스페인계 백인을 가리키는 말이었다. 반면 프랑스의 식민지였던 모리셔스에서 크레올은 흑인 원주민이 쓰는 말을 뜻했다. 노예들의 언어라고 해서 몹시 경멸당했던 크레올은 20세기가 되어서야 그 가치를 인정받게 되었다.

크로마뇽인

선사 시대 사람들이 언어로 의사소통을 했을 가능성은 대단히 높다. 물론 확실한 증거는 없다. 그들은 글자를 남겨 놓지 않았으니까. 하지만 크로마뇽인, 다시 말해 호모 사피엔스 사피엔스, 즉 우리의 선조인 선사 시대 인류가 말을 할 줄 알았다고 판단할 만한 근거는 있다. 이렇게 한 번 재구성해 보자.

Cro-magnon

100만 년 전 아프리카에서는 이미 호모 에렉투스(Homo erctus, 두 발로 서서 걷는 사람)가 서로 의사소통을 하고 있었다. 상상해 보자. 그들은 신경이 날카로워져 있다. 밤이 찾아왔기 때문이다. 타닥타닥, 모닥불이 타오르는 소리 사이로 짐승이 울부짖거나 스쳐 지나가는 소리가 들려온다. 바로 그때 하늘을 감시하던 원시인의 눈앞에 믿을 수 없는 광경이 펼쳐진다. 달이 사라지기 시작한 것이다. 원시인은 곁에 있던 동료의 팔을 잡아 흔들며 달을 가리킨다. "달, 화가 난다! 달, 떠난다!" 다른 이들도 이 소리를 듣고 하늘을 본다. 모두 월식이라는 기이한 현상 앞에 할 말을 잃는다.

10만 년 전, 이번에도 배경은 아프리카다. 호모 사피엔스(Homo sapiens, 슬기 있는 사람)가 몸을 숙인 채 일하고 있다. 자세히 보니 그는 무기를 깎고 있다. 주먹도끼를 섬세하고 정확하게 내리쳐서 날을 세우고 있다. 갑자기 그가 외치기 시작한다. "동굴 사자가 우리 굴 쪽으로 온다. 무기를 준비하라!" 남자는 펄쩍 뛰어올라 달리기 시작한다. 여자와 아이들은 이미 동굴 안쪽으로 피했고 사냥꾼들은 입구를 지키기 위해 자리를 잡는다. "공격해라!" 대장이 명령한다. 굶주린 사자가 돌진해 오지만 한

꺼번에 날아온 창에 기세가 꺾이고 만다. 결국 그날 저녁 사자는 해체되어 가죽은 전리품으로, 고기는 양식으로 쓰이게 된다.

선사 시대에는 여러 종의 영장류가 삶을 이어 갔다. 이 영장류들은 모두 두 발로 걸을 줄 알았다. 바로 그 점이 영장류와 원숭이의 차이였다. 하지만 이 영장류들이 모두 우리처럼 말할 수 있었던 건 아닌 듯하다. 과학자들에게조차 영장류가 언어를 사용했다는 확실한 근거는 없다. 언어를 기록한 글자가 있다면 좋겠지만, 글자는 그보다 훨씬 뒤에야 발명되었으니까!

그런데 선사 시대의 유적을 발굴하여 조사해 본 고생물학자들은 호모 사피엔스의 두개골에서 혈관이 잔가지처럼 발달한 흔적을 발견했다. 호모 사피엔스의 뇌가 상당히 발달했다는 증거였다. 말을 하기 위해서는 뇌가 발달해야 할 뿐만 아니라 혀가 충분히 길어야 하며 무엇보다 뇌 안에 브로카 영역처럼 말하는 기능을 담당하는 특별한 영역이 존재해야 한다. 이러한 사실로 미루어 보면 호모 사피엔스는 현재 우리가 사용하는 언어만큼 높은 수준의 언어를 구사했을 확률이 높다. 반면 그보다 훨씬 과거에 살았던 호모 에렉투스가 언어를 사용해 자신을 표현할 수 있었는지는 확실하지 않다. 하지만 몸짓이나 외마디 단어를 사용해 서로 신호를 보냈을 가능성은 매우 높다.

● **연관 키워드**

약어 | 애버리지니 | 차용 | 교착어 | 알파벳 | 바벨 | 개코원숭이 | 아기 | 비슬라마어 | **뇌** | 컴퓨터 번역 | 크레올 | **크로마뇽인** | 영어 할 줄 아세요? | 언어 예절 | 프랑스어 | 언어의 기능 | 글로비시 | 신 | 그리오 | 유머 | 표의 문자 | 관용구 | 인도 | 직업 | 한국어 | 어족 | 언어 다양성 | 라틴어와 프랑스어 | 문자 | 의미 | 모어 | 음악성 | 나라 | 신조어 | 노블랑그 | 숫자 | 감탄사 | 정치적 수사 | 정신 분석 | 키보드 | 구조 | 소쉬르 | 수화 | 침묵 | 은어 | 번역 | 유네스코 | 목소리 | 인터넷 | 언어의 수 | 엘리제르 벤 예후다 | 자멘호프

영어 할 줄 아세요?

영어가 전 세계를 지배하게 될까? 그럴지도 모른다. 하지만 확실하지는 않다. 앞으로 영어의 위상이 어떻게 될지는 정치적, 경제적 역학 관계에 달려 있다. 언어란 늘 그런 식이다.

Do you speak English?

300년 전, 유럽 국가의 상류층 사이에서는 프랑스어가 크게 유행했다. 하지만 프랑스 문화가 쇠퇴하고, 영국이 거대한 식민 제국을 건설하면서 이 귀족적인 유행은 점차 사그라들었다. 19세기 영국은 단순히 경제만 급성장한 유럽의 섬나라가 아니었다. 인도와 오스트레일리아를 소유한 국가였으니까. 인도와 오스트레일리아만 해도 각각 하나의 대륙이나 다름없는 넓이였다. 20세기 들어 식민 제국은 무너졌고 영국의 지배를 받던 나라들은 독립을 되찾았다. 하지만 영어의 흔적은 영국의 식민지였던 여러 나라에 남았다. 그 뒤 미국이 세계 경제와 문화에 결정적 역할을 하게 되면서 록 음악과 미국식 흑인 음악, 할리우드 영화를 따라 전 세계에서 영어가 더욱 힘을 발휘하게 되었다.

그렇다면 30년 뒤에는 모두가 영어로 말하게 될까? 그건 언어가 아니라 사람에 달려 있다. 실제로 전 세계에서 영어를 모국어로 사용하는 사람의 비율이 가장 높지는 않다. 영어의 세계 언어 순위는 3위다. 심지어 1위인 중국어와는 4배 정도 차이가 난다. 전문가들의 예상에 따르면 2050년에도 영어를 사용하는 인구는 여전히 중국어나 스페인어를 쓰는 인구에 한참 미치지 못할 거라고 한다. 하지만 영어의 위엄은 너무나 굳건해서, 영

어가 세계의 언어이자, 과학의 언어이며 다른 언어들보다 훨씬
발달된 언어라고 굳게 믿는 사람이 많다. 그렇기 때문에 영어는
앞으로도 전 세계인의 의사소통을 책임지는 세계 공용어로 남
게 될 듯하다. 대다수 사람이 영어가 그 역할을 해야 한다고 믿
는 상황이 변하지 않는 한 말이다.

미국의 공식 언어는 무엇일까?

미국인은 모두 영어로 술술 말하며 생활할까? 그런 사람이 많지만
전부는 아니다. 모국어는 따로 있고 영어는 외국어처럼 배워서 사
용하는 미국인도 있다. 예를 들어 미국 내부에 형성되어 있는 중국
인 사회에서는 표준 중국어가 꾸준히 쓰인다. 자신의 뿌리를 잊지
않는 멕시코인들이 미국에서도 스페인어를 사용하는 것과 마찬가
지다. 또 도시의 빈민가에 사는 흑인들은 영어를 자신의 방식에 맞
게 바꾸어 사용한다. 이들이 변형시킨 언어는 공식적으로 '에보닉
스'라는 이름까지 얻게 되었다. 한편 이러한 언어적 다양성을 두려
워하는 미국인도 있다. 최근에 캘리포니아주와 플로리다주는 영어
를 해당 주의 유일한 공식 언어로 지정하는 문제를 두고 찬반 투표
를 시행하기도 했다.

●연관 키워드

약어 | 애버리지니 | 차용 | 교착어 | 알파벳 | 바벨 | 개코원숭이 | 아기 | 비슬라마어 | 뇌 | 컴퓨터 번역 | 크
레올 | 크로마뇽인 | **영어 할 줄 아세요?** | 언어 예절 | 프랑스어 | 언어의 기능 | 글로비시 | 신 | 그리오 | 유
머 | 표의 문자 | 관용구 | **인도** | 직업 | 한국어 | 어족 | 언어 다양성 | 라틴어와 프랑스어 | 문자 | 의미 | 모어
| 음악성 | **나라** | 신조어 | 노블랑그 | 숫자 | 감탄사 | 정치적 수사 | 정신 분석 | 키보드 | 구조 | 소쉬르 | 수
화 | 침묵 | 은어 | 번역 | 유네스코 | 목소리 | 인터넷 | 언어의 수 | 엘리제르 벤 예후다 | 자멘호프

언어 예절

학교에서는 아이들에게 올바른 언어 예절을 가르친다. 우리는 생각나는 대로 마구 말하지 않고 언어 예절에 따라 말한다.

요즘 아이들은 버릇이 없다.

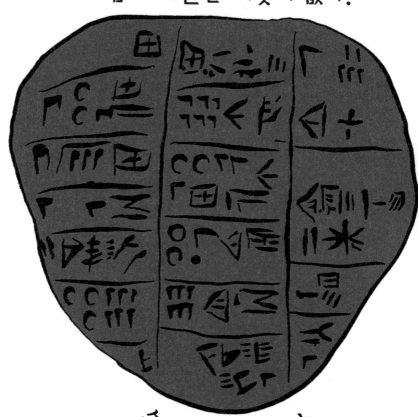

수메르 상형 문자

언어 예절은 상대에 따라 대화 방식을 바꾸는 기준이 된다. 예를 들어 글을 쓸 때나 윗 사람 앞에서 말할 때는 높임말을 사용하는 편이 좋다. 나보다 나이가 많거나 지위가 있는 사람과의 약속에 늦었을 때는 "늦어서 대단히 죄송합니다."라고 말해야 한다. 하지만 어느 정도 친분이 있는 사람과 이야기할 때는 "미안해요, 늦었어요."라고 말할 수 있다. 또 가까운 친구들과 편안하게 말할 때는 은어를 섞은 예사말을 사용하기도 한다. "완전 늦었어."처럼. 상황과 대화 상대에 따라 말하는 방식을 적절히 바꾸는 능력은 원만한 사회 생활에 필수적이다. 어떤 학생이 선생님에게 예사말로 말을 건다면 선생님은 그 학생을 좋게 생각하지 않을 것이다. 선생님을 존중하지 않는다는 뜻으로 해석될 테니까.

그렇다면 학교에서 배운 언어 예절이 가정에서도 그대로 적용될까? 언어 예절은 각 가정의 문화에 따라 다르게 적용된다. 당연히 부모에게 높임말을 사용하는 가정이 있는가 하면, 부모가 자녀들과 친구처럼 대화하는 가정도 있다. 하지만 대부분의 부모들은 가정에서부터 자녀들이 예절 바르게 말하도록 가르치려고 노력한다. 어법과 예절에 맞게 말하는 행위가 자녀를 교양 있는 사회인으로 성장하게 만든다는 사실을 잘 알기 때문이다. 어떤 부모는 올바른 언어 규범을 교육의 최우선 순위에 놓기도 한다. 그 때문에 팔을 다친 어린 자녀가 "엄마, 팔이 아파."라고 반말로 말하면, 반창고를 붙여 주는 내내 "엄마, 팔이 아파요."라고 말해야 한다고 엄하게 가르치는 엄마들도 주변에서 쉽게 찾아볼 수 있다.

아이들은 집에서 사용하는 언어와 학교에서 배우는 언어 사이에 차이가 있다는 사실을 커가며 자연스럽게 깨닫게 된다. 그 과정에서 집집마다 언어 예절에 차이가 있다는 사실도 알게 된다. 그러나 집집마다 언어 예절에 차이가 있다는 말이 어떤 부모들은 교과서처럼 말하고 어떤 부모들은 언제나 욕설만 늘어놓는다는 의미는 아니다. 때로는 "제기랄!"이라고 말하면서도 필요할 때는 진지하고 교양 있는 어법을 구사할 수 있는 아버지가 있는가 하면, 매번 버릇처럼 욕을 하는 아버지도 있다. 물론 버릇처럼 욕설을 늘어놓는 아버지보다 때로 욕설을 하더라도 되도록 교양 있는 언어를 사용하는 아버지가 자녀에게 더 바람직한 본보기일 것이다.

●**연관 키워드**

약어 | 애버리지니 | 차용 | 교착어 | 알파벳 | 바벨 | 개코원숭이 | 아기 | 비슬라마어 | 뇌 | 컴퓨터 번역 | 크레올 | 크로마뇽인 | 영어 할 줄 아세요? | **언어 예절** | 프랑스어 | 언어의 기능 | 글로비시 | 신 | 그리오 | 유머 | 표의 문자 | 관용구 | 인도 | 직업 | 한국어 | 어족 | 언어 다양성 | 라틴어와 프랑스어 | 문자 | 의미 | 모어 | 음악성 | 나라 | 신조어 | 노블랑그 | 숫자 | 감탄사 | 정치적 수사 | 정신 분석 | 키보드 | 구조 | 소쉬르 | 수화 | 침묵 | **은어** | 번역 | 유네스코 | 목소리 | 인터넷 | 언어의 수 | 엘리제르 벤 예후다 | 자멘호프

프랑스어

엄격하게 말하자면 '프랑스어'라는 말은 틀렸다. '프랑스어들'이라고 표현해야 한다. 프랑스어 안에는 표준어를 포함한 여러 종류의 다양한 프랑스어가 존재하기 때문이다. 다른 언어와 마찬가지로 프랑스어도 복수로 존재하는 언어다.

French

프랑스뿐만 아니라 벨기에, 스위스, 캐나다의 퀘벡주, 세네갈과 코트디부아르, 세이셸이나 마르티니크에서도 프랑스어를 사용하는 사람들을 만날 수 있다. 하지만 이러한 지역에 사는 사람들은 대부분 프랑스어 말고도 한 가지 이상의 다른 언어를 구사한다. 예컨대 퀘벡 사람들은 프랑스어 외에 영어를 사용한다. 세네갈에서는 프랑스어와 월로프어를 쓰고, 콩고에는 프랑스어를 포함한 공식 언어 세 가지에 400여 가지의 지역어가 더 존재하는 상황이다.

이렇게 서로 멀리 떨어져 사는 사람들이 어떻게 모두 프랑스어를 사용하고 있을까? 유럽의 다른 나라처럼 프랑스도 세계 곳곳의 많은 나라를 식민지로 삼은 적이 있기 때문이다. 캐나다에서 시작된 프랑스의 식민지 개척은 프랑스령 서인도 제도(아이티, 마르티니크, 과달루페)와 인도(퐁디셰리)로 이어졌다. 그 뒤 19세기에는 아프리카의 넓은 지역이 프랑스에 속하게 되었고, 멀리 인도차이나까지도 프랑스의 식민지가 되었다.

지금은 대부분의 식민지가 독립했지만 프랑스어는 과거 식민지였던 지역 사람들의 언어에 영향을 끼쳤다. 이러한 역사적 배경이 있었기 때문에 1960년대에는 튀니지의 하비브 부르기바

대통령과 세네갈의 레오폴드 세다르 셍고르 대통령 등이 프랑스어권 국가 간에 연합을 맺어야 한다고 주장하는 일도 일어났다. 프랑스어를 사용하는 국가들이 연합을 이루어 공동의 문화를 더욱 발전시키자는 주장이었다.

그렇지만 이들 지역에서 사용하는 프랑스어가 모두 동일하지는 않다. 일단 억양이 저마다 다르고, 각자 필요에 따라 단어를 만들어 내거나 표준 프랑스어 단어의 의미를 각 지역에 맞게 바꾸어 사용한다. 이렇게 다양하게 변화하다 보니 이 모두를 같은 언어로 보아야 하는지 의문이 생길 지경이다. 이처럼 같은 언어 사이에 차이점이 발생하고 점점 그 차이가 커지다 보면 언젠가는 완전히 새로운 언어가 탄생하게 될지도 모를 일이다.

● **연관 키워드**

악어 | 애버리지니 | 차용 | 교착어 | 알파벳 | 바벨 | 개코원숭이 | 아기 | 비슬라마어 | 뇌 | 컴퓨터 번역 | 크레올 | 크로마뇽인 | 영어 할 줄 아세요? | 언어 예절 | **프랑스어** | 언어의 기능 | 글로비시 | 신 | 그리오 | 유머 | 표의 문자 | 관용구 | 인도 | 직업 | 한국어 | 어족 | 언어 다양성 | **라틴어와 프랑스어** | 문자 | 의미 | 모어 | 음악성 | **나라** | 신조어 | 노블랑그 | 숫자 | 감탄사 | 정치적 수사 | 정신 분석 | 키보드 | 구조 | 소쉬르 | 수화 | 침묵 | 은어 | 번역 | 유네스코 | 목소리 | 인터넷 | 언어의 수 | 엘리제르 벤 예후다 | 자멘호프

언어의 기능

모두가 알다시피 언어는 의사소통이라는 중요한 기능을 담당한다. 하지만 언어가 가지는 기능은 의사소통 이외에도 여러 가지가 있다. 언어의 특별한 기능에 대해서 자세히 알아보자.

Function of language

언어라는 개념을 커다란 상자라고 해 보자. 그 안에는 한국어, 영어, 일본어, 중국어, 프랑스어, 타밀어, 러시아어, 프리울리어, 브르타뉴어까지 모든 언어가 하나도 빠짐없이 들어간다. 언어란 목소리로 의사소통할 수 있는, 인간만의 고유한 수단을 말한다. 그렇다면 '언어' 없이 '생각'이 존재할 수 있을까? 언어가 없으면 생각은 다른 사람에게 표현할 수 없는 모호한 무언가에 그치지 않을까? 일찍이 철학자 헤겔이 고민했던 것이 바로 이 문제다.

언어에 대해 진지한 고민을 하기 시작하면 우리는 마치 헤겔처럼 추상적 관념의 세계로 머나먼 여행을 떠나야 한다. 그렇지만 미리부터 겁을 집어먹을 필요는 없다. 언어의 기능은 매우 실용적이어서 일상생활에서 쉽게 관찰할 수 있으니까. 로만 야콥슨은 언어의 기능을 여섯 가지로 정리했다. 야콥슨의 이론은 지금까지도 정설로 받아들여진다.

1. 지시적 기능 : 우리가 무언가에 대해 말할 때, 그 무언가는 문장의 주제 그 자체가 된다. 이를테면 내가 "나는 빨간 꽃을 좋아한다."고 말하는 이유는 상대방에게 내가 빨간 꽃을 좋아한다는 '사실'을 있는 그대로 알려 주기 위해서다.

2. 감정 표시적 기능 : "난 빨간 꽃이 정말 좋아!" 라고 말할 때는 나의 감정이 가장 중요하다. 이때 언어는 나의 감정을 표출하는 역할을 한다.

3. 능동적 기능 : "나는 빨간 꽃을 좋아한다."고 말하는 또 다른 이유는 상대방이 나에게 빨간 꽃을 선물하도록 만들기 위해서다. 내 말을 듣는 대화 상대가 어떤 행동을 취하게 만드는 기능이다.

말하는 것은 행동하는 것이다

1960년대에 존 L. 오스틴이 언어의 새로운 기능 한 가지를 밝혀냈다. 바로 수행적 기능이다. 실제로 말이 곧 행동이 되는 경우가 종종 있다. 예를 들어 결혼식에서 혼인 서약을 할 때 주례의 물음에 "네."라고 대답하면 신랑과 신부는 진정한 부부가 된다. 하지만 "아니요."라고 말하면 하객은 모두 놀라 수군거릴 테고 큰 소동이 일어나 결혼식은 취소될 것이다. 이렇게 아무것도 아닌 짧은 말 한마디가 현실을 송두리째 바꿔 버릴 수도 있다!

4. 메타언어적 기능 : "'빨갛다'는 형용사다."와 같이 언어는 자기 자신의 기능에 대해 설명할 수 있다. 언어를 사용해 언어의 기능을 스스로 설명할 수 있는 기능을 흔히 메타언어적 기능이라고 말한다.

5. 친교적 기능 : "이봐, 듣고 있어? 난 빨간 꽃을 좋아해!"라는 말에서 사용한 '이봐'는 대화 상대와의 친교를 유지하는 기능을 한다.

6. 시적 기능 : "빨갛구나, 이 꽃은." 같은 경우에는 언어의 배열 순서가 그 무엇보다 중요하다. 시와 같은 문학 작품에서 흔히 발견할 수 있는 언어의 기능이다.

이것이 언어의 여섯 가지 기능이다. 더불어 이 글은 완전히 메타언어적이라고 말할 수 있다. 또 모든 문법 책은 언어의 메타언어적 기능을 보여주는 좋은 예다.

Globish

글로비시

글로벌(global)과 잉글리시(English)가 합쳐져서 만들어진 이 혼성어는 아주 최소한의 표현만을 사용해서 소통하는 영어를 뜻한다. 글로비시는 인터넷 사용이 늘어나면서 크게 발달하였고, 현재 세계에서 약 15억 명가량이 사용하고 있다.

Globish

영어는 현재 세계에서 가장 널리 통용되는 언어다. 또한 인터넷은 국경을 넘나들며 글과 음악, 동영상 등을 자유롭게 교환할 수 있는 도구다. 세계적으로 널리 통용되는 영어와 인터넷의 만남 때문에 최근 새로운 언어가 생겨나기 시작했다. 하루하루 달라지는 현대 사회에서 인터넷상의 정보를 막힘없이 받아들이고 싶다면 꼭 알아두어야 할 언어, 바로 글로비시다.

글로비시는 현재까지 약 1,500단어가 만들어졌다. 자주 사용되는 글로비시의 대표적인 예로는 'hoax'가 있다. 'hoax'는 웹상에 대량으로 떠돌고 있는 거짓 정보나 이미 시효가 지난 정보를 뜻한다. 'geek'은 컴퓨터에 미쳐서 터무니없이 많은 시간을 모니터 앞에서 보내는 사람을 가리킨다. 컴퓨터 속의 암호화된 정보를 능숙하게 해독해내는 사람들을 의미하기도 한다. 다시 말해 현대판 마법사라고 할 수 있겠다. 컴퓨터 안에 무엇이 들어 있는지 척 보면 아는 사람이니까. 한편 한국에서도 자주 쓰는 글로비시인 '블로그(blog)'는 누구나 손쉽게 만들 수 있는 인터넷 페이지를 말한다. 사람들은 'blog'에 여름 방학 동안 있었던 일이나 직장 생활 이야기, 할리우드 여배우의 결혼에 대한 자기 의견 같은 개인적인 얘기들을 게시한다. 'blog'라는 단어는 국제적

통신망인 인터넷을 뜻하는 'web'과 항해 용어에서 따온 'log'가 합쳐져서 만들어졌다. 'log'는 원래 배의 속도를 재기 위해 물에 띄우는 통나무를 가리켰는데 나중에는 선장의 항해 일지를 뜻하게 된 단어다.

넓은 의미에서 글로비시는 영어를 바탕으로 생겨난 언어를 모두 포함한다. 글로비시는 적은 수의 단어를 이용하며, 단순한 문법과 짧은 영어 표현이 특징이다. 영어의 발음 규칙은 전혀 몰라도 상관없다. 영어가 모국어가 아닌 사람들도 날마다 글로비시를 쓴다. 사람들은 '브리핑'을 하고, '블랙리스트'를 체크하고, 메일을 '포워드'한다. 이처럼 우리가 매일 사용하는 브리핑, 블랙리스트, 포워드와 같은 단어 역시 글로비시의 예로 볼 수 있다. 글로비시를 사용하는 목적은 가능한 한 많은 사람에게 그들이 이해할 수 있는 메시지를 전달하는 것이다. 글로비시를 사용하면 중국인, 쿠웨이트인, 프랑스인, 인도인, 덴마크인, 그 밖의 어떤 나라 사람과도 손쉽게 메시지를 교환할 수 있다.

신

인간은 서로 대화를 나눈다. 어떤 사람들은 보이지 않는 대화 상대와 이야기하기도 한다. 어떤 종교를 믿느냐에 따라 그 대상이 한 명일 수도, 여럿일 수도 있지만.

God

수천 년 전부터 사람들은 언어에 보이지 않는 힘이 있다고 믿었다. 지금도 언어에 깃든 신비한 힘이 인간 삶의 기묘하고 덧없는 운명을 지배한다고 믿는 사람들이 여전히 존재한다.

유대교인, 기독교인, 이슬람교인은 유일신을 믿는다. 그래서 이들을 일신론자라고 부른다. 일신론자의 기도는 유일신에 대한 믿음을 표현하는 언어로 시작한다. 이를테면 유대교인은 히브리어로 《성경》 속 〈신명기〉에 나오는 '셰마 이스라엘'을 낭송한다. "이스라엘아 들어라, 주는 우리의 하나님이시요, 주는 오직 한 분뿐이시다. 너희는 마음을 다하고 뜻을 다하고 힘을 다하여, 주 너희의 하나님을 사랑하여라."

기독교인은 러시아어, 폴란드어, 프랑스어, 그리스어, 영어 등 각자의 모국어로 신에게 기도한다. "하늘에 계신 우리 아버지여, 이름이 거룩히 여김을 받으시오며, 나라가 임하오시며." 이슬람교인은 《코란》에 사용된 언어인 아랍어로 신앙을 고백한다. "신은 오직 한 분이며, 마호메트는 신의 예언자이다."

대부분의 종교에서는 신 역시 인간처럼 말을 한다고 믿고 있다. 하지만 신은 오직 자신이 선택한 사람에게만 말을 건다. 전 세계 종교 대부분은 신의 언어에 기반을 두고 교리를 정하고 있다. 예를 들어 신은 모세에게 '신의 손가락으로 쓴' 율법의 판을 내렸다. 인간인 동시에 신이기도 한 '신의 아들 예수'는 아람어 또는 히브리어로 인간에게 복음을 가져다 주었다. 이슬람의 예언자 마호메트는 610년경 신으로부터 아랍어로 《코란》의 계시를 받는다. 그래서 마호메트는 아랍어를 신성하다고 여기게 된다. "세상의 여러 민족들은 다음의 세 가지 이유로 아랍인을 사

랑한다. 내가 아랍인이고, 《코란》이 아랍어로 쓰여 있으며, 천국의 언어가 아랍어이기 때문이다." 마호메트는 이렇게 확언한다. 그래서 이슬람의 전례 기도나 《코란》 강의는 항상 아랍어로 이루어진다. 신자의 모국어가 아랍어가 아닌 경우에도 마찬가지다. 실제로 이슬람교 신자의 모국어가 아랍어가 아닌 경우는 이슬람교인 다섯 명 중 네 명에 달한다.

신의 이름

신은 인간에게 언어를 주기도 하고 빼앗기도 한다. 신은 무엇이든 자신이 원하는 대로 할 수 있다. 그런데 어떻게 감히 인간이 신에게 이름을 붙일 수 있게 되었을까? 흥미로운 문제다. 높은 곳에 계신 분의 이름을 함부로 부르지 않기 위해 사람들은 신의 이름을 입에 올리지 않기로 했다. 그래서 성서에 기록된 'YHWH'라는 단어는 발음할 수 없다. 유대교에서 그것을 금지했기 때문이다. 저 글자들 사이에 어떤 모음이 들어가야 발음할 수 있을까? 전혀 알 수 없다. 그래도 그 의미를 짐작할 수 있는 실마리는 성서에 등장한다. 성서에서 사람들은 신을 '힘'이라는 뜻의 엘로힘이나 '주님'이라는 뜻의 아도나이라고 부른다. 이렇듯 이름은 사람들에게 신비한 영향력을 행사한다.

그리오

서아프리카에서는 이야기의 명인을 '그리오'라고 부른다.

Griot

세네갈을 비롯한 몇몇 아프리카 국가에서 그리오들은 공동체의 기억을 세대에서 세대로 전달하는 역할을 맡고 있다. 그리오들은 사람들에게 다양한 전설 및 설화를 들려준다. 그리오 없이 마을 축제를 연다는 건 상상할 수도 없다. "그리오 없는 세상은 소스 없는 밥과 같을 것이다." 서아프리카에는 이런 속담까지 있을 정도니까.

우월감에 젖은 유럽인들의 오랜 오해와는 달리, 문명은 이렇게 문자 없이도 존재하며 풍요롭게 꽃필 수 있다. 단지 각 사회마다 추구하고 이룩하고자 하는 가치가 조금씩 다를 뿐이다. 서아프리카에서는 유럽인들처럼 인류의 행복을 확대한다는 목표로 지식을 쌓는 대신, 변함없는 가치를 영원히 보존하는 쪽에 더가치를 두고 목표로 삼아 왔다. 그리고 오랫동안 그리오들은 그 가치를 다음 세대에 전달하는 전령이었다.

아프리카에서 전해 내려오는 신화들은 그리오 덕분에 대대로 전해질 수 있었다. 구전을 통해 수백 년 동안이나 이어져 내려오는 신비한 이야기들도 많이 있다. 아프리카 중심부에서 가장 풍요로운 나라였던 가나 제국의 건국 신화가 바로 그런 경우다. 당시의 가나 제국은 이제 존재하지 않지만 실제와 상상이 혼재된 제국의 역사는 2000년이라는 시간 동안 입에서 입으로 전해져 오늘날까지 이어져 내려오고 있다.

그리오들이 전하는 가나 건국 신화에 따르면, 옛날 한 왕이 아프리카 서쪽에 나라를 세우려고 대륙을 가로질렀다고 한다. 그러던 어느 날 왕은 아들딸 쌍둥이를 낳게 된다. 그런데 딸이 그만 머리가 여럿 달린 무시무시한 뱀으로 변해 버렸다. 이 뱀을 죽여야 할까, 살려 두어야 할까?

고민 끝에 현자들은 뱀을 살려주되 우물 속에 가두어 놓기로 결정했다. 대신 해마다 아름다운 소녀를 뱀에게 제물로 바쳐야 했다. 가나 제국은 그 뱀이 죽지 않는 한 번성할 수 있었다.

그리스의 음유 시인

고대 그리스 문명이 꽃피기도 전인 기원전 8세기경, 그리스 땅에는 아직 문자가 없었다. 그래서 시인들이 마을에서 마을로 옮겨 다니며 그리오처럼 전설과 설화를 들려주었다. 〈일리아스〉와 〈오디세이아〉를 썼다고 알려진 호메로스도 음유 시인이었다고 한다. 물론 호메로스라는 눈 먼 음유 시인이 실제로 존재했는지는 확실하지 않다. 가나 신화처럼 일리아스와 오디세이아 역시 그 시대의 집단적 상상력에 의해 탄생했을 가능성이 높다. 그래도 호메로스가 문학의 역사에 중요한 역할을 해냈다는 사실에는 변함이 없다. 그에 비하면 오늘날, 그리오에 대한 대접은 초라한 편이니 안타까운 일이다.

하지만 어느 날 한 젊은이가 제물로 정해진 약혼자를 구하기
위해 뱀을 죽이는 사건이 발생하고 말았다. 그 뒤 가나 제국에는
가뭄이 닥쳤다. 황금도 씨가 마르고 말았다. 제국은 그렇게 멸망
했다.

유머

Humor

유머는 언어의 놀이터라고 할 수 있다. 유머는 말의 의미를 비틀거나 장난스럽게 표현해 사람들을 웃게 만든다. 적절한 유머는 우리 삶에 활력소가 되며, 멈추지 않는 웃음의 샘이 된다.

Humor

다음은 캐나다 퀘벡 지방의 유머다. 한 남자가 숲을 거닐고 있
었다. 그때 검은 곰 한 마리가 남자를 발견하고 다가왔다. 남자
는 겁을 먹고 도망치기 시작했다. 배가 고팠던 곰은 남자를 따라
갔다. 남자와 곰은 쫓고 쫓기며 달리고, 또 달렸다. 결국 남자는
숨이 턱까지 차서 절벽 끝에 몰리고 말았다. 궁지에 몰린 남자는
무릎을 꿇고 기도했다. "하나님, 이 곰이 선한 기독교인이 되게
해 주십시오." 그러자 기적이 일어났다. 곰이 무릎을 꿇고 앞발
을 모으더니 이렇게 말한 것이다. "하나님, 오늘도 이렇게 일용
할 양식을 주셔서 감사합니다."

우리는 유머를 통해 현실을 좀 더 객관적으로 바라볼 수 있다.
또한 유머를 통해 현실을 비틀고 풍자함으로써 현실의 위험 요
소를 뽑아 버릴 수 있다. 그러나 기본적으로 유머는 대화 상대를
비웃는 것이 아니라 상대방과 함께 웃는 것이다. 유머를 발휘하
는 사람은 다른 사람의 웃음보를 터뜨리기 위해 온갖 재미있는
발상을 해내기 마련이다.

'유머'라는 말은 독특한 기원에서 출발했는데, 라틴어계 의학
용어에서 그 기원을 찾아볼 수 있다. '기질'이라는 뜻의 프랑스
어 '위뫼르'는 바로 이러한 라틴어 계열 의학 용어에서 비롯된

것이다. 중세 시대, 위뫼르는 인간의 유형을 결정한다고 알려진 담즙, 흑담즙, 림프액, 피, 이렇게 네 가지 액체를 가리키는 말이었다. 이를테면 중세 사람들은 흑담즙이 체내에서 못된 마음씨를 만들어낸다고 믿었다. '위뫼르'가 영어에 차용되면서 발음이 '유머'로 바뀌었고, 17세기부터는 이 유머라는 말이 현실을 유쾌한 방식으로 보여 주는 성질을 지닌 모든 것을 일컫게 되었다.

나라마다 유머를 구사하는 방식도 다르다. 그중 영국식 유머는 독특한 개성으로 유명하다. 영국의 유머는 부조리한 현실을 배경으로 본래의 의도를 숨긴 채 현실을 풍자하는 경향이 짙다. 예컨대 이런 식이다. 어느 날 짙은 안개가 끼어 영국과 유럽 대륙 사이의 모든 해상 통로가 끊기고 말았다. 그날 영국의 신문 《타임》의 헤드라인은 이랬다고 한다. "영국 해협에 안개. 대륙이 고립되다." 무슨 말인지 모르겠다고? 그렇다면 영국으로 유머 연수를 받으러 가거나 친구에게 도움을 청해 보자!

●연관 키워드

악어 | 애버리지니 | **차용** | 교착어 | 알파벳 | 바벨 | 개코원숭이 | 아기 | 비슬라마어 | 뇌 | 컴퓨터 번역 | 크레올 | 크로마뇽인 | 영어 할 줄 아세요? | 언어 예절 | 프랑스어 | 언어의 기능 | 글로비시 | 신 | 그리오 | **유머** | 표의 문자 | 관용구 | 인도 | 직업 | 한국어 | 어족 | 언어 다양성 | 라틴어와 프랑스어 | 문자 | 의미 | 모어 | 음악성 | 나라 | **신조어** | 노블랑그 | 숫자 | 감탄사 | 정치적 수사 | 정신 분석 | 키보드 | 구조 | 소쉬르 | 수화 | 침묵 | 은어 | 번역 | 유네스코 | 목소리 | 인터넷 | 언어의 수 | 엘리제르 벤 예후다 | 자멘호프

표의 문자

표의 문자는 알파벳과는 정반대의 원리로 만들어진 문자다.

Ideogram

10억 명 이상의 사람들이 이른바 '표의 문자'를 사용해 글을 기록하는 나라가 있다. 중국이다. 표의 문자는 문자 하나가 특정한 대상이나 사물을 가리키며, 그것이 곧 그 글자의 뜻이 된다. 게다가 이 문자는 문자마다 자기만의 고유한 소리값을 가지고 있다.

동그라미를 그린 뒤 그 주위에 빙 둘러 솟아나오는 작은 선 여러 개를 그린다면 누구든 그 기호가 무엇을 뜻하는지 알아챌 수 있을 것이다. 바로 태양이다. 표의 문자의 형성 원리도 이와 동일하다. 표의 문자의 기호 역시 그림으로 사물을 직접 나타내는 데서 출발했다. 그 뒤 이 '태양'을 가리키는 기호를 어떻게 발음할지는 각 지역의 언어 습관에 따라 달라졌다.

표의 문자인 중국어 한자의 글자 수는 약 15만 자에 달할 것으로 추정된다. 한자로 신문을 읽으려면 그중 3,500자 정도를 알고 있어야 한다. 그래서 표의 문자로 된 언어를 익히는 일은 시간이 오래 걸릴 수밖에 없다.

그렇지만 표의 문자는 일종의 규칙에 따라 만들어졌다. 그래서 문자에 들어있는 공통되는 기호에 따라 글자를 분류할 수 있다. 이 공통된 기호를 부수라고 부른다. 한자에는 모두 214가지 부수가 있다. 예를 들어 계수나무를 가리키는 글자(桂, 계수나무 계)는 숲을 가리키는 글자(林, 수풀 림)와 같은 무리에 속한다. 이 한자들의 부수는 모두 나무를 뜻하는 목(木, 나무 목)이다.

표의 문자는 이렇게 의미를 나타내는 그림에서 출발해 복잡한 언어 체계로 발전했다. 반면 알파벳과 같은 표음 문자는 말소리를 글자로 옮겨 적는 데서 출발해 복잡한 의미를 나타낼 수 있게 발전했다. 이렇듯 언어의 발전 방향이 다르기 때문에 언어권이 다른 사람들 사이에 서로 생각에 차이가 있는 것도 어쩌면 당연한 듯하다.

●연관 키워드

악어 | 애버리지니 | 차용 | 교착어 | 알파벳 | 바벨 | 개코원숭이 | 아기 | 비슬라마어 | 뇌 | 컴퓨터 번역 | 크레올 | 크로마뇽인 | 영어 할 줄 아세요? | 언어 예절 | 프랑스어 | 언어의 기능 | 글로비시 | 신 | 그리오 | 유머 | 표의 문자 | 관용구 | 인도 | 직업 | 한국어 | 어족 | 언어 다양성 | 라틴어와 프랑스어 | 문자 | 의미 | 모어 | 음악성 | 나라 | 신조어 | 노블랑그 | 숫자 | 감탄사 | 정치적 수사 | 정신 분석 | 키보드 | 구조 | 소쉬르 | 수화 | 침묵 | 은어 | 번역 | 유네스코 | 목소리 | 인터넷 | 언어의 수 | 엘리제르 벤 예후다 | 자멘호프

1

관용구

'깨가 쏟아진다'라는 표현이 있다. 이 표현에는 마치 동전처럼 양면이 존재한다. 한쪽 면은 글자 그대로의 의미를 담고 있지만, 다른 쪽 면에는 재미있는 비유가 담겨 있다.

Ideom

'깨가 쏟아진다'라는 말을 들으면 대개 머릿속에 한 가지 장면이 지나간다. 사람들이 사방에 깨를 흩뿌리는 장면이다. 참깨든 들깨든 세부적인 내용은 상상하는 사람마다 조금씩 다르겠지만 우리가 떠올리는 장면은 크게 다르지 않다. '깨가 쏟아진다'라는 표현의 문자 그대로의 의미, 다시 말해 본래적 의미가 있기 때문이다. 하지만 우리는 이 표현에 "부부 사이가 무척 다정하다."라는 뜻이 숨겨져 있다는 사실도 잘 알고 있다. 이것을 관용구의 비유적 의미라고 부른다.

이렇게 양면성을 가지는 관용구가 있는가 하면, 한 언어에서만 쓰이는 특정한 표현도 있다. 어떤 한국 아주머니가 '손 없는 날'을 고른다고 얘기하면 우리는 그 집이 곧 이사를 갈 거라는 사실을 알 수 있다. 여기서 손은 집안일을 방해하는 귀신을 손님에 비유한 말이다. 그러나 만일 어떤 미국 아주머니가 주변 미국인들에게 'No guest day'를 고른다고 얘기한다면 모두들 어이없는 눈으로 바라보거나, 그녀가 집에 혼자 있고 싶어 한다고 생각할 것이다. 이렇듯 어떤 관용구는 특정한 지역을 벗어나면 비유적인 의미를 잃고 사람들을 어리둥절하게 만든다.

모든 언어에는 그 언어만의 독특한 표현이 있다. 또한 그와 같은 독특한 표현에 따라 언어의 색깔이 달라진다. 영국에서는 비가 장대처럼 쏟아지지 않고, 무시무시하게도 개와 고양이가 되어 내린다("It's raining cats and dogs."). 지금은 "It's raining cats and dogs."라는 말이 시대에 뒤처진 표현이 되고 말았지만 수

자기, 방금
한 방울 맞았어요!

십 년 전까지 영국에서는 비가 개와 고양이가 되어 내린다는 표현을 자주 썼다. 요즘 영국 젊은이들은 재미없게 "비 오네."라고 말한다고 한다. 겨울 밤 런던의 보도 블럭 위로 쏟아져 내리는 부슬비보다도 더 슬픈 일이 아닐 수 없다.

이 모든 이야기가 진짜인지, 혹시 이 책을 쓴 사람이 어딘가 좀 이상한 게 아닌지 의심을 품는 사람이 있을지도 모른다. 만약 포르투갈인이라면, 이상해 보이는 사람을 만났을 때 '곳간 안의 원숭이'를 만났다고 한다. 러시아인들은 "저 사람, 뚜껑이 튀어 올랐구나."라고 말할 것이고, 스와힐리어를 구사하는 사람이라면 저 사람 불에 데운 치즈처럼 "녹았네."라고 말할 것이다. 같은 상황을 두고 영국 사람들은 "저 사람, 종탑 안에 박쥐가 들어 있어."라고 이야기한다.

● 연관 키워드

악어 | 애버리지니 | 차용 | 교착어 | 알파벳 | 바벨 | 개코원숭이 | 아기 | 비슬라마어 | 뇌 | 컴퓨터 번역 | 크레올 | 크로마뇽인 | 영어 할 줄 아세요? | 언어 예절 | 프랑스어 | 언어의 기능 | 글로비시 | 신 | 그리오 | 유머 | 표의 문자 | 관용구 | 인도 | 직업 | 한국어 | 어족 | 언어 다양성 | 라틴어와 프랑스어 | 문자 | 의미 | 모어 | 음악성 | 나라 | 신조어 | 노블랑그 | 숫자 | 감탄사 | 정치적 수사 | 정신 분석 | 키보드 | 구조 | 소쉬르 | 수화 | 침묵 | 은어 | 번역 | 유네스코 | 목소리 | 인터넷 | 언어의 수 | 엘리제르 벤 예후다 | 자멘호프

인도

아시아에 위치한 인도는 대륙 하나의 크기와 맞먹을 정도로 거대한 나라다. 그도 그럴 것이 인도는 세계에서 일곱 번째로 넓은 나라다. 그것이 끝이 아니다. 인도의 인구는 중국에 이어 세계에서 두 번째로 많다.

India

인도의 공식 언어는 두 가지다. 인도 북부에서 많이 사용하는 힌디어와 인도 전역에서 가장 널리 쓰는 영어가 바로 그 두 언어다. 인도 사람들은 1947년까지 인도를 식민 지배한 영국의 영향으로 영어를 쓰기 시작했다. 현재 인도에서 영어는 매개 언어, 즉 의사소통을 위한 언어로서 모국어보다도 훨씬 널리 쓰이고 있다. 그 밖에도 인도에서는 벵골어, 칸나다어, 마니푸르어, 산탈어 등 25개 언어가 국가 공식 언어로 지정되어 있다.

인도는 28개 주가 모여 연합 정권을 이루고 있는 나라이기 때문에 지역마다 다양한 언어를 사용하고 있다. 실제 인도 사람들이 쓰는 말은 공식 언어 25종보다 많지만 공식 언어를 제외한 나머지 언어는 특별한 지위를 차지하지 못하고 있다. 브힐어, 마르와리어, 툴루어 등이 여기에 속한다. 인도에서 사용되는 언어는 모두 400여 가지 종류에 달하는 것으로 추정되고 있다.

뭄바이 국제 공항 출구에서 미니 택시 운전사인 릭샤왈라들이 유럽에서 막 도착한 여행자들을 기다리는 모습을 상상해 보자. 릭샤왈라들은 고객을 향해 앞다투어 달려가며 이렇게 외친다. "Come, good rickshaw, not expensive!" 옥스포드나 보스턴 영어와는 전혀 다른 글로비시다.

그래도 비싸지 않은 가격에 시내까지 데려다 줄 수 있다는 내용은 전달되고도 남는다. 한국어로 바꾸면 "어서 옵쇼, 좋은 인력거, 안 비싸요!"정도일까. 릭샤꾼 중에는 힌디어를 구사하는 사람도 있고 출신지에 따라 어쩌면 텔루구어, 벵골어, 타밀어 등 또 다른 언어를 구사하는 사람도 있을 것이다. 하지만 이들 대부분은 생계를 꾸리기 위해 최소한 3개 국어를 배워야 한다고 한다.

직업

언어 연구는 많은 이들의 흥미를 자극한다. 만약 인간이 서로 소통하는 방법에 궁금증이 많은 사람이라면 이런 직업들은 어떨까?

언어학자는 언어를 연구한다. 언어학자의 연구 대상은 이미 사라진 사어일 수도 있고, 모국어거나 외국어일 수도 있다. 어떤 언어학자는 언어의 역사나 계보에 관심이 있어 언어가 어떻게 변해 왔는지를 알아보기 위한 연구에 몰두한다. 언어의 보편적인 기능을 설명하기 위해 각 언어의 차이를 넘어서 모든 언어에 공통되는 기능과 구조가 있는지 연구를 거듭하는 언어학자도 있다. 몇몇 언어학자들은 인간이 언어라는 도구를 사용해 말을 만들어 내는 방식에 주목하기도 한다. 언어학은 아주 오래전부터 존재했다. 고대 그리스 철학자들은 이미 단어와 사물의 관계에 대해 의문을 제기한 바 있다. 그러나 언어학은 19세기에 이르러서야 그 자체로 학문의 분야가 될 수 있었다.

민속학자는 '원시적'이라고 일컬어지는 사회를 연구한다. 하지만 어떤 사회를 '원시적'이라고 호명하는 사람은 스스로 '원시적이지 않다'고 여기는 사람들, 즉 '문명의 수혜를 받은' 사람들이다. 좀더 좁게는 서양인을 가리킨다. 이런 이유 때문에 요즘 학계에서는 '원시' 사회보다 '전통' 사회라고 말하는 편을 더 선호한다. 전통 사회, 즉 문자가 없고 공업화되지 않은 사회는 주로 아프리카 중심부, 아메리카 대륙(이누이트, 아메리카 인디언),

오세아니아 지역에 남아 있다. 그러나 오늘날의 민속학자는 부유한 선진국 사회에 대해서도 연구한다. 그중에서도 특히 한 사회 안의 언어 습관에 대해 연구하는 사람들이 바로 언어학자들이다.

언어와 관련이 있는 또 다른 직업으로는 정신 분석가가 있다. 정신 분석가는 19세기 말 지그문트 프로이트가 확립한 무의식에 대한 연구 및 치료 요법을 활용해 정신 감정을 수행하는 사람이다. 이들은 대화를 통해 개인이 가진 상처를 짚어내고 치료한다. 치료 과정 중 환자들이 무의식적으로 사용하는 어휘가 부정적인지 긍정적인지 살펴보고, 그에 맞는 상담을 제공한다는 점에서 정신 분석가는 언어와 꽤 관련이 있는 직업이라고 할 수 있다.

한편, 언어 치료사는 말하거나 글을 쓰는 데 어려움을 겪는 사람, 특히 어린이를 대상으로 치료를 한다. 언어 치료는 말더듬이에서부터 난독증과 같은 독서 장애에 이르기까지 굉장히 넓은 분야를 다루고 있다. 어떤 부모는 자녀의 장래를 너무나 걱정한 나머지 아직 글을 깨우치는 중인 아이를 데리고 언어 치료사를 찾아가기도 한다. 아이가 아직 표도르 도스토예프스키의 《죄와 벌》을 읽지 못한다는 이유 때문에 말이다.

●연관 키워드

약어 | 애버리지니 | 차용 | 교착어 | 알파벳 | 바벨 | 개코원숭이 | 아기 | 비슬라마어 | 뇌 | 컴퓨터 번역 | 크레올 | 크로마뇽인 | 영어 할 줄 아세요? | 언어 예절 | 프랑스어 | 언어의 기능 | 글로비시 | 신 | 그리오 | 유머 | 표의 문자 | 관용구 | 인도 | 직업 | 한국어 | 어족 | 언어 다양성 | 라틴어와 프랑스어 | 문자 | 의미 | 모어 | 음악성 | 나라 | 신조어 | 노블랑그 | 숫자 | 감탄사 | 정치적 수사 | 정신 분석 | 키보드 | 구조 | 소쉬르 | 수화 | 침묵 | 은어 | 번역 | 유네스코 | 목소리 | 인터넷 | 언어의 수 | 엘리제르 벤 예후다 | 자멘호프

한국어

세계에는 6,000종이 넘는 언어가 존재하는 것으로 알려져 있다. 그러나 그중 세계적으로 널리 사용되는 언어는 약 20여 개에 불과하다. 한국어는 남북한을 통틀어 약 8,500만 명이 사용한다. 최근에는 한류 열풍 등에 힘입어 한국어를 배우는 외국인이 늘고 있다.

Korean

한국어는 오랜 역사를 가진 언어다. 1443년 세종대왕이 훈민 정음을 반포한 뒤 500년이 넘는 세월 동안 이어져 내려왔으며, 한글이 창제되기 이전에 한자를 차용해 표기한 시절까지 따지면 그 역사는 훨씬 더 옛날로 올라간다.

일반적으로 학자들은 고대 한국어가 우랄 알타이 어족에서 갈라져 나왔다고 것으로 추정하고 있다. 우랄 알타이어란 몽골어, 터키어, 퉁구스어, 한국어에 공통점이 여럿 있다고 보고, 이 언어들을 하나의 그룹으로 묶어 통칭하는 말이다. 실제로 우랄 알타이어에는 교착어로서의 특징이 발견되고, 모음 조화와 두음법칙이 존재하며, 관계 대명사가 없다는 특징이 있다. 한국어의 문법적 특징과도 상당 부분 일치한다.

한국어는 조사, 어미, 접사 등이 매우 발달한 교착어로 분류할 수 있는데 이것은 우랄 알타이 어족 대부분에서 발견되는 특징이다. 그러나 최근에는 위에 언급한 특징만으로 한국어를 우랄 알타이어로 분류하기에는 다소 무리가 있다는 주장도 나오고 있어 논란이 되는 상황이다.

훈민정음이 창제된 뒤 최초로 발표된 한글 문서는 바로《용비어천가》다. 용비어천가는 1447년 간행된 서사시로 조선 왕조의 위업을 찬양한 내용을 주로 담고 있다. 이 책은 현재 전해지는 한글 문헌 중 가장 오래되었으며, 15세기 한국어의 특징을 연구하는 데 빠져서는 안 될 귀중한 자료로 평가받고 있다.

한국어는 그 역사가 오래된 만큼 수많은 변화를 거쳐 왔다. 15세기 무렵 조선 시대 사람들이 구사하던 한국어와 현대 한국인이 구사하는 한국어 사이에는 큰 차이가 있다. 한국인들이 지금과 같은 한국어를 사용하게 된 것은 대략 100년 전의 일이다. 학자들마다 견해 차이가 있지만 갑오개혁 이후 언문일치 운동이 벌어지며 한국어에 큰 변화가 있었다는 것이 일반적인 견해다. 갑오개혁 이전에는 중국 글자인 한자의 사용 빈도가 굉장히 높았지만, 점차 한글을 더 많이 사용하는 쪽으로 경향이 바뀌어 왔다.

광복 이후 한글 전용 운동이 활발히 전개되면서 현대 한국어는 일상생활에서 사용하는 언어와 글로 기록되는 언어가 거의 완벽하게 일치하는 결과를 맞게 되었다.

● **연관 키워드**

악어 | 애버리지니 | 차용 | **교착어** | 알파벳 | 바벨 | 개코원숭이 | 아기 | 비슬라마어 | 뇌 | 컴퓨터 번역 | 크레올 | 크로마뇽인 | 영어 할 줄 아세요? | 언어 예절 | 프랑스어 | 언어의 기능 | 글로비시 | 신 | 그리오 | 유머 | 표의 문자 | 관용구 | 인도 | 직업 | **한국어** | **어족** | 언어 다양성 | 라틴어와 프랑스어 | 문자 | 의미 | 모어 | 음악성 | **나라** | 신조어 | 노블랑그 | 숫자 | 감탄사 | 정치적 수사 | 정신 분석 | 키보드 | 구조 | 소쉬르 | 수화 | 침묵 | 은어 | 번역 | 유네스코 | 목소리 | 인터넷 | 언어의 수 | 엘리제르 벤 예후다 | 자멘호프

어족

잘 들여다보면 언어들 사이에는 공통점이 있다. 그 공통점 덕분에 언어학자들은 비슷한 언어들을 하나의 어족으로 묶는 데 성공했다. 같은 어족에 속한 언어들은 한 가지 언어에서 갈라져 나왔다고 추정한다. 먼 옛날 사람들이 사용했을 그 언어를 '공통 조어'라고 한다.

파르바나
이탈리아 사촌

스토얀,
세르비아 고모부

소피아,
러시아 숙

밥, 영국 사촌

아나히타,
인도 사촌

에르메스
그리스 사촌

아말리아,
스페인 언니

클라우디우,
루마니아 사촌

2000년 전 지중해 주변에 살던 사람들은 대부분 라틴어로 이야기했다. 지중해 주변은 로마 제국의 영향권 아래 있었기 때문이다. 그러다가 5세기가 되어 로마 제국이 게르만인의 공격에 무너지자 라틴어는 지역에 따라 달라지기 시작했다.

라틴어는 프랑스어와 이탈리아어, 루마니아어 등 유럽 각국 언어의 기원이 되었다. '로맨스어'라고 일컬어지는 이 언어들은 서로 비슷한 특징을 공유하고 있지만 그래도 다른 언어로 분류한다. 이를테면 서로 사촌뻘이 되는 언어들이라고 할 수 있다. 로맨스어 중에서도 러시아어나 라트비아어는 거리가 더 먼 사촌뻘에 속한다.

라틴어와 로맨스어들은 모두 인도 유럽어족이라는 커다란 어족에 속해 있다. 그러니까 로맨스어와 라틴어는 인도 유럽어라는 하나의 언어를 조상으로 삼고 있다는 뜻이다. 인도 유럽어는 약 1만 2000년 전에 널리 퍼졌던 것으로 추정된다. 그때는 문자가 발명되기 전이었으므로 이것은 어디까지나 추정치다.

이렇게 모든 어족에는 역사가 있다. 언어의 역사라는 측면에서 살펴보면 비교적 최근에 두 언어가 섞이며 형성된 크레올은 상당히 이례적인 경우다. 이밖에 다른 언어와 전혀 관련이 없생겨난 언어도 있는데 이를 '고립된 언어'라고 한다. 예를 들어 볼리비아에서 약 2,000명이 사용하고 있는 치키타노어는 이제까지 알려진 어떤 언어와도 공통점이 없다.

거대 어족

언어학자들은 역사적 계통에 따라 언어를 분류한다. 그렇게 해서 다음과 같은 몇 가지 거대 어족 개념이 탄생했다(하지만 이러한 분류법에 대해서는 언어학자들끼리도 의견이 다르다).
- 인도 유럽어족 : 로맨스어, 슬라브어, 게르만어, 인도 이란어가 이 어족에 들어간다.
- 드라비다 어족 : 인도 남부에서 쓰이는 언어가 여기에 속한다.
- 피노우그리아 어족
- 니제르 콩고 어족
- 말레이 폴리네시아 어족
- 함셈 어족 : 아랍어와 히브리어를 포함한다.
- 우랄 알타이 어족 : 일본어, 터키어, 한국어가 속한다.
- 중국 티베트 어족 : 중국어와 타이어가 여기에 속한다.

● 연관 키워드

약어 | 애버리지니 | 차용 | 교착어 | 알파벳 | 바벨 | 개코원숭이 | 아기 | 비슬라마어 | 뇌 | 컴퓨터 번역 | 크레올 | 크로마뇽인 | 영어 할 줄 아세요? | 언어 예절 | 프랑스어 | 언어의 기능 | 글로비시 | 신 | 그리오 | 유머 | 표의 문자 | 관용구 | 인도 | 직업 | 한국어 | 어족 | 언어 다양성 | 라틴어와 프랑스어 | 문자 | 의미 | 모어 | 음악성 | 나라 | 신조어 | 노블랑그 | 숫자 | 감탄사 | 정치적 수사 | 정신 분석 | 키보드 | 구조 | 소쉬르 | 수화 | 침묵 | 은어 | 번역 | 유네스코 | 목소리 | 인터넷 | 언어의 수 | 엘리제르 벤 예후다 | 자멘호프

언어 다양성

외국어를 배우는 일은 단순히 단어와 문법 규칙을 외우는 과정이 아니다. 그것은 우리말이 러시아어, 일본어, 중국어, 아랍어와 같은 다른 글자 체계와 만나 더 넓은 세상과 소통하는 일을 뜻한다.

Language
diversity

어떤 외국어를 배우든 새로운 외국어를 익히면 새로운 가치관과 새로운 세계관을 만나게 된다. 이제껏 상상조차 하지 못했던 다양한 사고방식에 눈을 뜨게 되는 것이다.

우리가 현재 살아가는 언어 문화권은 세상에 존재하는 다양한 언어 문화권 중 하나일 뿐이다. 그래서 다른 언어를 사용하는 사람들과 만날 때 자칫하면 서로 오해하게 되기도 한다. 이런 경우를 생각해 보자. 어느 중국인 부부가 갓 오스트레일리아로 이민을 왔다. 중국인 부부는 의사소통이 가능할 만큼 충분히 영어를 잘한다. 이민 온 뒤 얼마 지나지 않아 두 사람은 영어권 오스트레일리아인들을 알게 되어 저녁 식사에 초대했다.

손님들이 집에 도착하자마자 중국인 부부는 달려가 이렇게 외쳤다. "쥐오, 쥐오, 쥐오." 그리고 그 말이 "앉아요. 앉아요. 앉아요."라는 중국말이라고 얘기해 주었다. 그러고는 식사를 차리자마자 "얼른 드세요, 빨리 들어요!"라고 재빨리 덧붙였다. 영어권 손님들은 마음이 몹시 불편해졌다. 평소에는 예의 바르고 친절한 이 중국인 부부가 왜 오늘따라 자기들에게 계속해서 명령만 내리는지 이해할 수가 없었다.

중국에서는 손님들에게 음식을 많이 먹으라고 여러 번 권하는 것이 예의다. 하지만 문화 규범이 다르다 보니 일상적인 문장을 단순히 번역하는 정도로는 지금 자신이 예의를 갖추어 손님을 대접하고 있다는 내용까지 전달할 수 없었던 것이다. 언어는 한 사회의 규범과 사고방식, 심지어 자연과 인간의 관계까지도 반영하기 때문이다.

가족

문화마다 고유한 가족 개념이 있다. 그러니 어느 언어권이든 낳아 준 어머니만을 어머니라고 부를 거라고 생각한다면 큰 오산이다. 카나크족은 아버지의 형제를 모두 아버지라고 하고 어머니의 자매를 모두 어머니라고 한다. 카나크족 어린이에게는 아버지와 어머니가 여러 명 있는 셈이다. 또한 파푸아뉴기니의 언어인 톡 피진으로는 '자매'라는 말이 자신과 반대되는 성별의 남자 혹은 여자 형제를 가리킨다. 내가 남자라면 여자 형제를, 여자라면 남자 형제를 똑같이 자매라고 부르게 되는 셈이다.

● 연관 키워드

약어 | 애버리지니 | 차용 | 교착어 | 알파벳 | 바벨 | 개코원숭이 | 아기 | 비슬라마어 | 뇌 | 컴퓨터 번역 | 크레올 | 크로마뇽인 | 영어 할 줄 아세요? | 언어 예절 | 프랑스어 | 언어의 기능 | 글로비시 | 신 | 그리오 | 유머 | 표의 문자 | 관용구 | 인도 | 직업 | 한국어 | 어족 | 언어 다양성 | 라틴어와 프랑스어 | 문자 | 의미 | 모어 | 음악성 | 나라 | 신조어 | 노블랑그 | 숫자 | 감탄사 | 정치적 수사 | 정신 분석 | 키보드 | 구조 | 소쉬르 | 수화 | 침묵 | 은어 | 번역 | 유네스코 | 목소리 | 인터넷 | 언어의 수 | 엘리제르 벤 예후다 | 자멘호프

라틴어와
프랑스어

지금으로부터 2000년 전, 강대한 로마 제국은 세상에 두려울 일이 없었다. 로마 제국은 어찌나 힘이 강했던지 지중해를 '마레 노스트룸', 즉 '우리 바다'라고 부를 정도였다.

로마는 한때 지중해 주변을 온통 지배했었다. 이탈리아는 물론이고 갈리아, 그리스, 이집트, 스페인, 아프리카 북부가 모두 로마 제국의 땅이었다.

로마인은 자신들의 지배하에 있는 지역은 한 군데도 빠짐없이 로마 군대와 도시의 양식을 받아들이게 했다. 또한 로마의 언어인 라틴어 사용을 강요했다. 그러나 476년에 로마 전체가 위기를 맞았다. 게르만족이 로마를 침략한 것이다. 이 침략으로 서로마 제국은 멸망했다.

하지만 라틴어는 사라지지 않았다. 천주교 미사에서 사용되는 라틴어는 몇 세기 동안 변하지 않고 이어져 내려왔다.

하지만 일상생활에서 쓰이는 언어는 그렇지 않았다. 프랑스 지역에 터를 잡고 살았던 갈리아 사람들은 라틴어에서 갈라져 나온 '대중 라틴어'를 썼는데, 이 대중 라틴어는 로마의 라틴어와는 달랐다. 시간이 흘러 차이가 더 심해지자 갈리아족은 로마인들의 라틴어를 이해할 수 없을 정도로 달라지고 말았다.

라틴어의 영향을 받아 독자적으로 발전한 프랑스어는 842년에 라틴어를 밀어내고 공식 언어로 인정받았다. 형제 사이인 대머리 왕 카롤루스 2세와 독일 왕 루도비쿠스가 할아버지 샤를마

뉴 대제의 제국을 나누어 가질 때 생긴 일이었다. 둘은 각자 상대의 통속어로 충성 서약을 작성해야 했다. 따라서 카롤루스는 게르만 방언을, 루도비쿠스는 오일 로망어를 사용해 충성 서약을 작성했다. 이때 사용된 오일 로망어가 바로 옛 프랑스어이며, 이 문서가 프랑스어로 적힌 최초의 공식 문서다.

르네상스 시대에 접어든 1539년, 프랑수아 1세는 브르타뉴어, 오크어 등 프랑스 지역에서 쓰이던 다양한 언어들과 라틴어에 맞서 오일 로망어(옛 프랑스어)를 지키고자 했다. 프랑수아 1

세는 오일 로망어 사용을 확대하기 위해 많은 노력을 기울였다. 빌레코트레 칙령을 만들어 사법 판결문은 반드시 오일 로망어로 작성해야 한다고 명한 일은 그러한 노력 중 하나였다. 이 시기는 프랑스어 문법의 표준이 마련된 시기이기도 했다.

17세기에는 세련된 궁정 프랑스어를 말할 수 있어야만 진정한 귀족으로 대접받았다. 또한 프랑스어 사전이 대량으로 만들어졌던 17세기의 프랑스어는 현대 프랑스어와 매우 유사하다. 1882년에는 전국에 걸쳐 프랑스어를 통한 학교 교육이 의무화되었다.

오늘날에도 프랑스어는 계속해서 변화하고 있다. 한편 프랑스어의 기원이 된 라틴어의 경우, 일상생활에서 라틴어를 쓰는 사람은 이제 없기 때문에 그 자체는 죽은 언어가 되었지만 아직도 라틴어는 영어와 프랑스어, 스페인어, 독일어 등 다양한 언어 안에서 여전히 변화하며 살아 숨 쉬고 있다.

●연관 키워드

악어 | 애버리지니 | 차용 | 교착어 | 알파벳 | 바벨 | 개코원숭이 | 아기 | 비슬라마어 | 뇌 | 컴퓨터 번역 | 크레올 | 크로마뇽인 | 영어 할 줄 아세요? | 언어 예절 | **프랑스어** | 언어의 기능 | 글로비시 | 신 | 그리오 | 유머 | 표의 문자 | 관용구 | 인도 | 직업 | 한국어 | **어족** | 언어 다양성 | **라틴어와 프랑스어** | 문자 | 의미 | 모어 | 음악성 | 나라 | 신조어 | 노블랑그 | 숫자 | 감탄사 | 정치적 수사 | 정신 분석 | 키보드 | 구조 | 소쉬르 | 수화 | 침묵 | 은어 | 번역 | 유네스코 | 목소리 | 인터넷 | 언어의 수 | 엘리제르 벤 예후다 | 자멘호프

문자

인간은 수만 년 동안, 어쩌면 수십만 년 동안 말로만 소통했을 것이다. 그러던 어느 날 말소리를 기록할 문자를 고안해냈다.

Letter

문자가 없던 시절에도 인간은 별 무리 없이 살아나갈 수 있었다. 인간은 문자 없이도 농토를 개간했고, 더 성능 좋은 무기를 끊임없이 생산해 냈다. 그림을 그리고, 조각상을 만들고, 보석을 다듬고, 정해진 의식에 따라 죽은 이의 장례를 치렀다. 문자 없이도 그다지 '야만적'인 삶을 살지 않았다는 뜻이다. 그러다가 기원전 3200년경, 메소포타미아(현재의 이라크 지역)에 살던 수메르 상인들이 거래를 더 편리하게 하기 위해서 그들 나름의 기호 체계를 고안해 냈다.

상업이 발달하기 시작하면서 수메르인들은 먼 곳에 사는 사람과도 거래를 하기 시작했다. 그러다 보니 확실한 거래가 이루어지지 않아 손해를 보는 일도 생겨났다. 수메르의 상인들은 어떻게 하면 멀리 떨어진 곳에 사는 사람에게 손해 보는 일 없이 물건을 팔 수 있을지 고민하기 시작했다.

수메르의 상인들은 물건과 함께 찰흙으로 만든 공을 함께 보내는 방법을 생각해냈다. 공 안에는 동전을 넣었다. 동전 한 개가 물건 하나를 뜻했다. 만약 양 스무 마리를 팔고자 한다면 한 개의 공 안에 동전 스무 개를 넣어야 했다. 그런 다음 받는 사람이 더 잘 알아볼 수 있게 찰흙 공 바깥에 상품 정보를 요약한 기호를 그렸다. 동그란 원 안에 십자가를 그려 양을 표시했고, 같은 기호를 양의 수만큼 그려 넣어 수량을 나타냈다. 그러다가 언젠가부터 공 안에 동전을 넣지 않게 되었다. 이렇게 발명된 것이 최초의 문자다. 발신인과 수신인이 있고, 실제 사물과는 직접적인 관계없이 상징만으로 기능하는 기호가 탄생한 것이다.

문자의 발명은 커다란 사건이었다. 문자의 발명을 선사 시대의 끝과 역사 시대의 시작을 구분하는 기준점으로 삼을 정도다. 문자는 전화나 인터넷보다 훨씬 앞선 최초의 미디어였다. 문자 덕분에 인간은 다양한 분야에 대한 지식을 글로 기록해 남길 수 있었다.

인간이 남긴 기록 중에는 신에 대한 내용이 압도적으로 많다. 인간은 신이 어떤 존재인지, 신을 어떻게 섬겨야 하는지를 기록해 더 많은 사람들에게 전하고자 했다. 권력에 대한 기록도 적지 않다. 왕과 왕조의 이름과 통치 기간을 기록함에 따라 왕들의 이야기가 전설 속에서만 떠돌지 않게 되었다. 끝으로 행정·경제에 관한 기록은 나라의 곳간에 밀이 얼마나 있는지, 농부들에게 부과한 세금이 얼마인지 등 옛 시대의 모습을 짐작할 수 있게 도와준다.

이토록 어렵게 생겨나서 널리 보급된 문자가 갑자기 사라지는 일은 극히 드물다. 물론 고대 그리스어처럼 기원전 11세기에 사라진 경우가 없지는 않지만 말이다.

그런데 세계 곳곳에는 문자 없이도 꾸준히 발전한 문화가 많다. 예를 들어 잉카인들은 서기 1200년경 안데스 산맥에 거대한 제국을 건설했다. 이 제국은 16세기에 스페인인들이 침입할 때까지 이어졌다. 황제는 수천 킬로미터에 달하는 길쭉한 영토 곳곳에 명령을 전달하기 위해 현수교를 건설하고 도로를 포장했다. 파발꾼은 그 길을 달려 '결승 문자'로 기록한 황제의 말을 전했다. '결승 문자'는 여러 가지 색깔과 형태의 매듭을 묶어 표현하는 기호 체계다.

의미

언어는 의사소통의 매개체다. 우리는 언어를 통해서 의미를 전달할 수 있다.

"그리고 늑대는 빨간 모자를 한입에 꿀꺽, 씹지도 않고 삼켜 버렸어요."

Meaning

아기는 모국어, 즉 태어나서 처음으로 배우는 언어를 통해 자신을 둘러싼 세계를 이해하게 된다. 또한 아기에게 언어는 자기 주변의 사물에 이름을 붙여 줄 훌륭한 수단이 된다. 단어들을 연결해 더 다양한 의미를 표현할 수 있게 해주는 문법 규칙 역시 아기에게는 중요한 의미 전달 수단이다.

외국어를 배울 때 단어와 문법을 억지로 공부하는 학생들이 많다. 솔직히 문법 암기가 재미있는 공부라고는 할 수 없다. 하지만 외국어로 사람들에게 더 정확하고 유창하게 의미를 전달하기 위해서는 단어와 문법을 확실하게 배워 두어야 한다. 독일어에서 동사는 주어 뒷자리에 따라온다는 사실을 가르치는 일이 단지 학생을 지겹게 만들기 위해서가 아니라는 뜻이다. 독일 사람들이 그 규칙에 따라 말하고 있고, 그 규칙에 따랐을 때 더 정확하게 의미를 전달할 수 있기 때문에 가르치는 것이다. 단어를 아무렇게나 늘어놓아서는 복잡하고 섬세한 의미를 전하는 일이 불가능하다.

외국어를 배울 때 처음부터 올바른 문법을 익히면 훨씬 정확하고 자연스럽게 내 의사를 그 언어로 전할 수 있다. 바지에 오줌을 싸서는 안 된다는 사실을 아주 어렸을 때 배우면 그 뒤로 아이가 바지에 오줌을 싸지 않는 것을 자연스럽게 여기게 되는 일과 마찬가지다. 정확한 문법을 익히면 그 언어를 모국어로 사용하는 사람들이 '자연스럽다'고 생각하는 문장으로 유창하게 의사소통할 수 있다.

정확한 외국어 학습이 외국인과의 소통에서 큰 힘을 발휘하듯, 정확한 언어를 구사하는 능력은 사회생활에서 아주 강력한 힘을 발휘한다. 정확한 언어는 내가 하고자 하는 말의 의미를 타인에게 정확하게 전달해 준다. 정확한 언어는 언어적 · 물리적 폭력이 아닌 올바른 방식으로 내 감정과 요구를 상대방에게 전달할 수 있다. 자기가 말하고자 하는 의미를 상대방에게 제대로 전달하지 못하면 오해와 불만이 쌓이게 마련이다. 이렇게 생겨난 오해와 불만은 무례한 행동이나 범죄의 잠재적 원인이 된다.

● 연관 키워드

약어 | 애버리지니 | 차용 | 교착어 | 알파벳 | 바벨 | 개코원숭이 | 아기 | 비슬라마어 | 뇌 | 컴퓨터 번역 | 크레올 | 크로마뇽인 | **영어 할 줄 아세요?** | 언어 예절 | 프랑스어 | **언어의 기능** | 글로비시 | 신 | 그리오 | 유머 | 표의 문자 | 관용구 | 인도 | 직업 | 한국어 | 어족 | 언어 다양성 | 라틴어와 프랑스어 | 문자 | **의미** | 모어 | 음악성 | 나라 | 신조어 | 노블랑그 | 숫자 | 감탄사 | 정치적 수사 | 정신 분석 | 키보드 | 구조 | 소쉬르 | 수화 | 침묵 | 은어 | 번역 | 유네스코 | 목소리 | 인터넷 | 언어의 수 | 엘리제르 벤 예후다 | 자멘호프

M

Mother tongue

모어

세상에는 왜 이렇게 많은 언어가 존재할까? 혹시 이 세상 모든 언어를 낳은 '어머니' 언어가 있었던 건 아닐까? 정말 성경에 나오는 것처럼 사람들이 거대한 바벨탑을 지었다가 신의 노여움을 사서 이렇게 많은 언어가 생겨난 것일까?

Mother tongue

흔히 신화를 통해 세상을 이해할 수 있다고 한다. 그런데 그 말에 일리가 있는 것 같다. 우리는 신화 속 이야기 중 하나인 바벨탑 이야기를 통해 언어의 기원에 대해 생각해 볼 수 있다. 수세기 동안 기독교인들은 바벨탑 이야기를 진실로 믿어왔다. 그들은 모든 언어의 기원이라고 전해지는 인류 최초의 언어를 신성시했고, 그 언어를 잃어버려 세상 모든 사람이 자유롭게 소통하지 못하게 된 점을 아쉬워했다.

그런데 모든 언어의 기원이 되는 언어가 실제로 존재할까? 학자마다 의견이 제각각이지만 인류의 언어가 원래는 하나였다고 주장하는 학자들이 존재한다. 이들은 아프리카 남부에 살던 호모 사피엔스가 쓰던 말이 세계 모든 언어의 '모어'이고, 이 모어를 토대로 지금처럼 다양한 언어가 갈라져 나왔다는 주장을 펼친다.

이들의 주장에 따르면 지금으로부터 20만 년 전, 인류의 조상인 호모 사피엔스가 생존을 위협받는 상황에 처한다. 위기 상황을 극복하기 위해 그들은 오늘날의 아프리카 남부 지역에 모여들었고, 상황이 나아지자 다시 세계 곳곳으로 퍼져 나갔다. 말하자면 호모 사피엔스가 각 대륙으로 이주하게 됨에 따라 그들이 사용하던 언어가 서로 다른 어족으로 분화하게 되었다는 주장이다. 학자들에 의하면 호모 사피엔스는 우선 아시아 대륙으로 갈라져 나갔고, 그 뒤 오스트레일리아로 진출했다. 이어 유럽 대륙에 이주해 자리를 잡았다. 물론 문자로 남은 흔적이 전혀 없기 때문에 이에 대한 결정적 증거를 찾기는 어렵다. 그러나 이러한 가설은 언어학, 고고학, 인류학 등의 다양한 학문 분야의 연구 결과를 바탕으로 나온 것이다. 다양한 근거를 들어 실마리를 짜 맞춘다는 점에서 학자들이 하는 일은 셜록 홈스가 하는 일과 똑같다!

인도 유럽어

인도 유럽어는 수천 년 전에 사용되었던 언어다. 유럽과 아시아에서 쓰고 있는 대부분의 언어가 공통적으로 인도 유럽어를 뿌리로 하여 생겨난 것으로 추정된다. 인도 유럽어의 기본 개념은 17세기의 네덜란드 언어학자인 마르쿠스 판 복스호른의 머릿속에서 싹텄다. 실질적인 역사적 자료가 전혀 없기 때문에 (문자로 적힌 적이 없으니까) 인도 유럽어가 존재했다는 명백한 증거는 없지만 인도 유럽어가 존재했다는 사실 자체는 대체적으로 널리 인정받는다. 학자들이 인도 유럽어에서 갈라져 나왔다고 추정되는 여러 언어들을 조사하고, 각 언어 간의 문법적, 음성적 공통점을 찾는 지속적인 노력을 기울였기 때문에 가능한 일이었다.

● **연관 키워드**

약어 | 애버리지니 | 차용 | 교착어 | 알파벳 | 바벨 | **개코원숭이** | 아기 | 비슬라마어 | 뇌 | 컴퓨터 번역 | 크레올 | 크로마뇽인 | 영어 할 줄 아세요? | 언어 예절 | 프랑스어 | 언어의 기능 | 글로비시 | 신 | 그리오 | 유머 | 표의 문자 | 관용구 | 인도 | 직업 | 한국어 | **어족** | 언어 다양성 | 라틴어와 프랑스어 | 문자 | 의미 | **모어** | 음악성 | 나라 | 신조어 | 노블랑그 | 숫자 | 감탄사 | 정치적 수사 | 정신 분석 | 키보드 | 구조 | 소쉬르 | 수화 | 침묵 | 은어 | 번역 | 유네스코 | 목소리 | 인터넷 | **언어의 수** | 엘리제르 벤 예후다 | 자멘호프

음악성

언어의 음악성, 참 아름답게 들리는 주제다. 그런데 언어의 음악성이라는 게 정확히 뭘까?

Musicality

언어의 음악성이 정확히 뭘까? 말을 할 때 어렴풋이 느껴지는 소리의 높낮이를 말하는 걸까? 간단한 예를 들어 알아보자. 만약 영국 슈퍼마켓에 가서 강세를 전혀 주지 않은 단조로운 말투로 "Have you got mustard?"라고 묻는다면 가게 주인은 그 말을 전혀 이해하지 못할 것이다. 하지만 같은 문장을 첫 음절에 강세를 넣어 "Have you got MUStard?"라고 말하면 쉽게 의사소통을 할 수 있다. 바로 이것이 언어의 음악성이다. 오선지 위에 음표를 그리듯 소리를 올렸다 내리고, 말하는 속도를 달리하며, 언어를 포르테와 피아니시모로 연주하는 일에서 언어의 음악성이 탄생한다.

언어의 음악성은 특히 시에서 절묘하게 드러난다. 시가 글로 적혀 있든 구전되든, 시가 담고 있는 내용이 영웅의 일대기이든 여우의 못된 장난이든 전쟁이든 사랑이든, 시는 언제나 말로 소리 냈을 때 완성되는 창작물이다. 말소리의 조화, 리듬, 울림이 음악적으로 구현되었을 때 더 빛나는 예술 작품이 탄생한다.

시의 음악성과 관련한 아름다운 격언이 하나 있다. "시인이 우리에게 노래하게 하는 것은 시인의 생각이 아니라 우리 안의 생각이다." 프랑스의 시인 아나톨 프랑스가 한 말이다. 아나톨 프랑스는 1844년에 태어나 1924년 사망한 프랑스 작가로 멋진 수염을 길렀던 것으로 유명하다. 아나톨 프랑스는 1921년에 노벨 문학상을 받았다.

나에게 억양이 있다고?

대부분의 사람들은 자신에게 억양이 없다고 생각한다. 말할 때 억양이 있는 사람은 항상 상대방이다. 서울 사람은 부산 사람의 억양에서 사납게 싸우는 말투라는 인상을 받고, 부산 사람은 서울 사람의 억양이 낯간지럽다고 느낀다. 누구나 자기 자신을 기준으로 삼아 다른 사람의 말투를 평가하기 때문에 이러한 결과가 생기는 것이다. 다른 사람의 억양을 평가하는 행동은 자칫 잘못하면 표준이라는 잣대로 타인을 배제하는 데까지 나아갈 수 있다. 세상에는 나와 같은 언어로 말하면서 다른 음악성을 지닌 사람도 존재한다. 그들도 나처럼 자기만의 악보를 연주할 권리가 있는 것은 아닐까?

●**연관 키워드**

N 나라

한국에서는 한국어를 말한다. 스페인에서는 스페인어를 말하고, 영국에서는 영어를 말하고, 일본에서는 일본어를 말한다. 세상에 이처럼 간단한 일이 있을까?

Nation

유럽 사람들은 대부분 한 가지 언어만 사용하며 생활한다. 집에서든 직장에서든 마찬가지다. 텔레비전에서도 한 가지 언어만 흘러나오고, 신문을 봐도 하나의 언어로 작성된 기사만 실려 있다. 하지만 유럽 일부 국가에서는 여러 개의 언어를 사용하는 경우도 있다. 이러한 국가들은 대개 하나의 공식 언어를 정해 놓고 공식 언어로 지정되지 못한 다른 언어를 배제하는 경우가 많다.

한국에서는 한국어를 말하고, 영국에서는 영어를 말한다. 그렇다면 중앙아프리카 공화국에서는 중앙아프리카 공화국어를 말할까? 스위스에서는 스위스어를 말하고, 스페인에서는 스페인어만 말할까? 눈치가 빠른 사람이라면 어딘가 이상한 점이 있다고 이미 눈치챘을 것이다.

사실 그렇게 간단히 한 나라에 한 가지 언어를 대응시킬 수는 없다. 세상에는 약 200여 개의 나라와 6,000여 개의 언어가 존재하기 때문이다. 계산해 보면 한 나라에 평균 30개의 언어가 존재하고 있는 셈이다! 그렇다면 앞선 질문에 대한 정답을 알아보자. 일단 중앙아프리카 공화국에서는 상고어를 비롯한 43개의 언어를 사용한다. 스위스에서는 독일어, 프랑스어, 이탈리아어와 로망슈어를 사용한다. 스페인에서는 스페인어도 사용하지만 바스

크어와 카탈로니아어도 사용한다.

언어와 국가 사이의 관계는 얽히고설킨 실처럼 복잡하다. 어떤 언어는 여러 국가에서 쓰이고 있다. 영어, 스페인어, 프랑스어, 스와힐리어, 밤바라어(아프리카 말리에서 사용되는 말) 같은 언어가 대표적인 예다. 그중에는 유네스코나 유엔 같은 국제기구의 회의장에서 공식적으로 사용되는 언어가 있는가 하면, 아프리카에서 널리 사용되는 스와힐리어처럼 실용적인 쓰임에 만족하는 언어도 있다. 그런가 하면 한 나라의 아주 제한된 지역에서만 사용되는 '꼬마' 언어 역시 존재한다. 또한 한 나라 안에 여러 가지 언어가 공존하는 경우도 있다. 이때 각 언어를 쓰는 지역이 칼로 자르듯 확실히 나누어지는 것은 아니다.

한 나라 안에서 여러 언어가 사용되지만 그 언어 모두를 학교에서 가르치지 않는 경우도 흔하다. 학교 교육에서 제외된 언어는 각 가정이나 작은 마을 안에만 남게 된다. 그렇기 때문에 학교에서 특정 언어만을 가르치기로 결정하는 데에는 매우 중요한 정치적 판단이 개입된다.

몇 년 전까지만 해도 스와힐리어는 케냐에서 꽤 영향력 있는 언어였다. 하지만 현재 케냐에서는 스와힐리어를 초등학교에서만 가르치고 있다. 케냐의 어린이들은 초등학교를 졸업한 뒤부터는 주로 영어로 공부하게 된다. 그 때문에 학교에서는 영어를 사용하고 집에 돌아와서는 지역 언어를 사용하는 아이들이 많아졌다. 학교에서 영어를 중점적으로 가르치게 되면서 스와힐리어의 위상은 순식간에 약해지고 말았다. 결국 스와힐리어가 영향력을 잃은 자리를 케냐를 식민 통치했던 나라의 언어인 영어가 차지하고 말았다. 현재 케냐에서 영어는 안정된 직업을 구하려는 사람에게 필수적인 언어가 되었다.

● **연관 키워드**

약어 | 애버리지니 | 차용 | 교착어 | 알파벳 | 바벨 | 개코원숭이 | 아기 | 비슬라마어 | 뇌 | 컴퓨터 번역 | 크레올 | 크로마뇽인 | **영어 할 줄 아세요?** | 언어 예절 | 프랑스어 | 언어의 기능 | 글로비시 | 신 | 그리오 | 유머 | 표의 문자 | 관용구 | 인도 | 직업 | 한국어 | 어족 | **언어 다양성** | 라틴어와 프랑스어 | 문자 | 의미 | 모어 | 음악성 | **나라** | 신조어 | 노블랑그 | 숫자 | 감탄사 | 정치적 수사 | 정신 분석 | 키보드 | 구조 | 소쉬르 | 수화 | 침묵 | 은어 | 번역 | 유네스코 | 목소리 | 인터넷 | **언어의 수** | 엘리제르 벤 예후다 | 자멘호프

V 신조어

Neologism

나이를 먹으면 젊은이들도 조금씩 늙어 간다. 나이 들었다는 말이 싫다고 해도 어쩔 수 없다. 누구에게나 노화는 피할 수 없는 현상이다. 그렇다 보니 사람은 나이가 들면 자연스럽게 '젊은이'에서 은퇴하게 된다. 그 빈자리는 새롭게 태어난 젊은이들이 메운다. 이것이 젊은이들이 즐겨 사용하는 언어가 끊임없이 새롭게 변화하는 이유다.

Neologism

어느 사회든 젊은이들의 언어는 급속도로 변한다. 빠르게 변화하는 특성 탓에 사람들은 젊은이들의 언어를 하찮게 여겼다. 하지만 1990년대부터 젊은이들의 언어가 학계에서 진지한 연구 대상으로 떠올랐다. 대학에서는 젊은이들이 사용하는 언어를 주제로 한 두꺼운 학술서들이 속속 출간되고 있다.

젊은이들이 새롭게 만들어 낸 언어, 즉 신조어의 대표적인 예로는 인터넷 용어를 들 수 있다. 국경을 넘나드는 인터넷의 특성상 젊은이들은 세계 이곳저곳의 다양한 언어에서 차용한 요소를 신조어에 반영하기도 한다.

흥미로운 점은 평소에 신조어를 즐겨 사용하는 젊은이들조차도 학술적인 글이나 진지한 글을 쓸 때는 이러한 인터넷 용어들을 쓰지 않는다는 점이다. 언어학자들과 민속학자들이 젊은이들의 신조어를 연구 대상으로 삼기 시작한 이유는 바로 이러한 점 때문이었다. 학자들에게 이 같은 신조어는 울창한 원시림을 탐험하는 일만큼이나 낯선 느낌을 주는 분야일 수밖에 없었다.

"나 빨리 버카충하러 가야 돼!" 요즘 젊은이들 사이에서 흔히 사용되는 말이다. 무슨 뜻인지 짐작할 수 있겠는가? 버카충은 '버스 카드 충전'을 줄인 말이다. 또 젊은이들 사이에 흔히 사용되는 '오덕'이라는 단어는 만화나 게임, 연예인 같은 어느 한 분야에 깊이 빠져있는 사람을 지칭하는 말이다. 이 말은 일본어의 '오타쿠'라는 말에서 생겨났다. 이처럼 새로 만들어진 말이 많다 보니 대부분의 인터넷 게시판은 20대 이상의 연령층이 온전히 이해하기 힘든 단어들로 가득 차게 되었다.

오늘날 신조어는 대부분 인터넷과 휴대 전화, 메신저를 통해 만들어지고 전파된다. 말을 짧게 줄이다 보니 새로운 말이 생겨나는 것이다. '넘사벽(넘을 수 없는 사차원의 벽. 어떤 두 대상 사이에 엄청나게 큰 격차가 있다는 뜻)', '솔까말(솔직히 까놓고 말해서.

빙 돌려 이야기하지 않고 솔직하게 말한다는 뜻)' 등의 단어가 웹상에서 생겨난 신조어다. 이런 말들은 넓게 보아 약어에 포함된다. 'ㅇㅇ(응 또는 응응. 알았다, 동의한다는 뜻)', 'ㅇㅋ(오케이의 줄임말인 오키 또는 영어의 'ok'를 한글로 표현한 것)'처럼 모음을 표기하지 않는 방식의 신조어도 있다. 이와 유사하게 영어에도 'lol(laughing out loud, 크게 웃는다는 뜻)'처럼 단어의 맨 앞 철자만 따서 만든 신조어가 있다.

노블랑그

Novlangue

노블랑그는 작가 조지 오웰이 《1984》라는 미래 소설 속에서 창작해 낸 상상의 언어다. "소설 제목이 《1984》인데 미래 소설이라고? 1984년에서 무려 30년이나 지났는데?" 하고 생각하며 놀라는 사람도 있겠다. 하지만 조지 오웰이 이 소설을 발표했을 때는 1949년이었다. 당시 오웰은 1984년을 먼 미래라고 생각했을 것이다.

Novlangue

소설 《1984》에는 절대적인 독재 권력이 등장한다. 이 독재 권력은 언어가 생각의 도구라는 사실을 잘 알고 있다. 그들은 자신들의 권력에 대한 비판도 반대도 원하지 않는다. 그래서 권력자들은 사람들이 지금껏 사용해 온 언어(Oldspeak)의 사용을 금지한다. 그 대신에 노블랑그라는 새로운 언어를 만들어 낸다.

노블랑그는 아주 단순해서 권력의 허가를 받지 않은 생각을 표현하는 일이 불가능하다. 기존 언어에서 '먹다, 마시다, 자다'처럼 일상적인 언어만 남기고 토론과 비판에 쓰이는 복잡한 단어들은 없애 버렸기 때문이다. 독재 권력이 만들어 낸 노블랑그로는 권력이 허가하고 인정한 것만 표현할 수 있는 셈이다.

이 소설 속의 독재 권력은 사람들이 자유와 민주주의를 열망하지 못하게 하기 위해서 제일 먼저 추상적인 개념을 가리키는 단어들부터 제거한다. 아예 생각 자체를 할 수 없도록 '생각 범죄'라는 말을 만들어 내기도 한다. 단어를 결합해 신조어를 만들어 내는 또 다른 이유는 서로 상반된 두 가지 개념을 떼어 놓고 생각할 수 없게 만들기 위해서다. 예를 들어 소설 속에서 '범죄성'이라는 단어는 번식을 목적으로 하지 않는 모든 종류의 성적 행동을 의미한다. 이 소설의 권력자들은 이 '범죄성'이라는 단어를 널리 퍼뜨림으로써 사랑을 오로지 번식을 위한 도구로 전락시켜 버린다.

더 이상한 단어들도 등장한다. 소설 속에 등장하는 일부 단어들은 어떤 개념과 그 반대의 개념을 동시에 의미하기 때문에, 상대의 말을 문맥에 따라서만 해석할 수 있다. 예를 들어 권력에 저항하는 사람들에게 붙여진 '흑백'이라는 이름은 '거짓으로 선동된 사람'들을 뜻한다. 이 단어는 권력에 굴복한 사람들에게 사용되기도 하는데 이때는 검은색이 흰색을 띨 수도 있다는 의미로 사용된다.

이 소설에서 권력자인 빅 브라더는 아이들에게 노블랑그만을 가르치면 몇 세대 뒤에는 사람들을 완전히 통제할 수 있을 거라고 믿는다. 이 끔찍한 빅 브라더가 허구적 상상물일 뿐 실제로는 존재하지 않는다는 사실에 안도하는 사람도 있을 것이다. 하지만 정말 그럴까? 도처에 CCTV가 설치되어 있고 누군가 마음만 먹으면 사람들이 이메일과 SNS로 무슨 이야기를 하는지 알 수 있는 우리 사회에서, 정말 빅 브라더는 소설 속에만 존재하는 것일까?

● **연관 키워드**

약어 | 애버리지니 | 차용 | 교착어 | 알파벳 | 바벨 | 개코원숭이 | 아기 | 비슬라마어 | 뇌 | 컴퓨터 번역 | 크레올 | 크로마뇽인 | 영어 할 줄 아세요? | 언어 예절 | 프랑스어 | 언어의 기능 | 글로비시 | 신 | 그리오 | 유머 | 표의 문자 | 관용구 | 인도 | 직업 | 한국어 | 어족 | 언어 다양성 | 라틴어와 프랑스어 | 문자 | 의미 | 모어 | 음악성 | 나라 | 신조어 | **노블랑그** | 숫자 | 감탄사 | **정치적 수사** | 정신 분석 | 키보드 | 구조 | 소쉬르 | 수화 | 침묵 | 은어 | 번역 | 유네스코 | 목소리 | 인터넷 | 언어의 수 | 엘리제르 벤 예후다 | 자멘호프

V 숫자

우리가 사용하는 아라비아 숫자는 '0, 1, 2, 3, 4, 5, 6, 7, 8, 9'라는 기호 열 개로 이루어져 있다. 이들 열 개의 기호만으로 어떤 수든 무한대로 적을 수 있다.

Number

숫자는 소리가 아니라 의미를 나타낸다는 점에서 표의 문자와 그 기능이 같다. 그렇기 때문에 언어가 서로 다른 사람끼리도 수식을 통해 수학적인 대화를 나눌 수 있다. 상대방의 언어로 그 숫자를 어떻게 읽는지 몰라도 상관없다. 말 한 마디 나누지 않고도 덧셈과 뺄셈은 모두가 똑같이 할 수 있다. 사용하는 기호의 의미가 같기 때문이다.

숫자에는 놀라운 특징이 하나 더 있다. 표기하는 자리에 따라 같은 숫자라도 다른 값을 갖게 된다는 점이다. 숫자 22를 예로 들어보자. 22에서 오른쪽 자리에 위치한 2는 2를 나타내지만 왼쪽에 위치해 있는 2는 20을 나타낸다.

열 개의 숫자 기호 중에서 가장 흥미로운 기호는 바로 '0'이다. 0은 인도에서 처음 발명되었고, 무역업이 발달했던 아라비아의 상인들에 의해 전 세계로 퍼져 나갔다. 0 덕분에 사람들은 아무 것도 없음, 즉 '무'를 표현할 수 있게 되었다. 0이 발명되지 않았다면 지금과 같은 수 표기법은 탄생하지 못했을 것이다. 0 없이는 20이나 200과 같은 여러 자리의 숫자를 표현하기가 무척 어렵기 때문이다.

한편 수를 표기하기 위해 아라비아 숫자가 아닌 자신들의 특수한 문자를 발명해 사용했던 문화권도 존재한다. 예를 들어 라틴어를 사용했던 로마인은 라틴어 문자를 사용해 수를 표현했다. 우리가 지금 '로마 숫자'라고 부르는 문자다. I는 1을, U 또는 V는 5를 나타내고 4는 5(V)에서 1(I)을 뺀 수라는 의미에서 IV라고 표기한다. 이처럼 로마 숫자는 표기 자체가 꽤 복잡하기 때문에 단순한 덧셈 뺄셈도 더 어려워지는 단점이 있다.

감탄사

감탄사란 글자 그대로 순간적인 놀라움, 강렬한 느낌, 저절로 떠오르는 감정 등을 표현하는 말이다. 문장 안에서 독립적으로 기능하기 때문에 '독립어'라고 불린다.

Oops

인간이 종일 사용하는 감탄사는 몇 개나 될까? 우리는 의식하지도 못하는 새에 수많은 감탄사를 내뱉으며 살아가고 있다. "아이고!" "야호!" "아하!" "아야!" "오!" "영차!" 등등 감탄사는 종류가 무수히 많다. 이처럼 무심결에 사용하는 감탄사는 대부분 의미를 거의 가지지 않는 입버릇일 경우가 많다. 그러나 그 짧은 단어 안에는 여러 가지 감정이 녹아 있다.

그렇다면 다른 언어를 사용하는 사람들은 주로 어떤 감탄사를 사용하며 살아가고 있을까? 이미 알려져 있다시피 영어권에서는 놀랐을 때 흔히 "와우Wow!"나 "웁스Oops!"라는 감탄사를 사용한다. 또한 프랑스에서는 놀랐을 때, "울랄라Oh là là!"를 흔히 사용한다. 독일에서는 같은 표현을 "후흐Huch!"라고 한다. 일본어에는 "아라あら!"라는 감탄사가 있는데, 이는 주로 여성만 사용하는 감탄사로 한국어의 "어머!"에 해당하는 말이다.

이렇듯 감탄사는 같은 상황에서도 각 언어의 특징에 따라 서로 다른 소리로 표현되는 경향이 있다. 우리가 짧은 순간에 무심코 내뱉는 감탄사에까지 모국어의 영향력이 강력하게 작용한다는 사실을 여실히 보여주는 셈이다. 이쯤 되면 언어가 인간의 의식을 지배할 수 있다는 말이 꽤 설득력 있는 의견이라는 생각이

들지 않을 수 없다.

감탄사는 문법적으로 독립어에 속한다. 독립어란 문장 속에서 독립적으로 존재하기 때문에 다른 문법 규칙으로부터 어떠한 영향도 받지 않는 품사다. 예를 들어 "영희는 '으악' 하고 소리를 질렀다."라는 문장이 있을 때, 감탄사인 '으악'은 어떤 문법에도 영향 받지 않아 그 형태가 변하지 않고 독립적으로 취급받는다. 또한 감탄사는 주로 일상생활에서 대화 중에 흔히 이용되는 것이 특징이다. 단순히 자신의 감정과 정서를 표출하는 감탄사와 상대방의 반응과 호응을 이끌어 내기 위해 사용되는 감탄사로 그 종류를 나누기도 한다.

정치적 수사

'나무 언어'라는 말을 들어본 적이 있는가? 나무들이 사용하는 언어일 거라고? 나무 언어는 정치적인 목적에서 늘어놓는 의미 없는 말들을 뜻한다.

'나무 언어'는 정치적 수사를 뜻하는 프랑스어 표현이다. 겉으로는 훌륭하고 대단해 보이지만 자세히 들어보면 말한 사람의 진심이 담겨 있지 않고 구체적인 의미조차 없는 정치적인 목적의 말을 뜻한다. 정치인은 정치적 수사를 떠벌려서 핵심적인 문제를 교묘히 피해 간다. 정치적 수사를 사용한다는 것은 결국 아무것도 말하지 않는 일과 다를 바 없다. 사람들이 제대로 이해할 수 없는 말로 문제의 핵심을 흐릴 뿐이다. 보통 이러한 정치적 수사는 듣는 사람으로 하여금 명확한 사실 판단을 불가능하게 하고, 그를 통해 어떠한 정치적 목적을 달성하기 위해 사용한다.

정치적 수사를 가리키는 프랑스어 표현 '나무 언어'는 러시아어 '떡갈나무 언어'에서 유래했다. 러시아 시민들은 엘리트 정치인들의 그럴듯하지만 애매모호한 말투를 비웃었다. 러시아 정치인들은 정치적 목적을 위해 미사여구를 동원하여 자신의 진짜 생각과 목적을 감추었다. 이 '나무 언어'라는 표현은 1980년대에 폴란드를 거쳐 프랑스에 유입되었다. 당시 폴란드는 민주주의를 향한 문을 막 개방한 상황이었다.

그렇다면 정치적 수사의 예를 살펴보기로 하자. 전쟁이 한창 벌어지고 있을 때 정치인들은 '부차적 피해'가 발생했다는 말을 즐겨 사용한다. 이 말은 곧 '적을 겨냥해 공격하다가 실수로 전쟁과 아무 상관도 없는 사람들을 죽이고 말았다'는 뜻이다. 현실의 잔혹성을 살짝 숨기는 아주 깜찍한 방법이다. '부차적 피해'라는 표현만 들으면 죽거나 다친 사람은 없고, 별다른 일도 일어나지 않았다는 느낌이 든다. 다른 예도 있다. '추가 재원은 반드시 예산안 재편성을 통해 공급되어야 한다.'는 말은 사실 '돈은 마련해야 하지만 당장은 힘들다.'라는 뜻이다. 이렇게 말하면 땡전 한 푼 더 쓰지 않으면서도 국민에게는 재원을 추가했다는 인상을 줄 수 있다. 이러한 정치적 수사의 뻔뻔스러움은 터무니없을 지경이다.

분명히 말을 하는데도 정작 아무것도 말하지 않는 이 기술의 기초를 배우고 싶다면 텔레비전 뉴스나 신문 기사에 나오는 정치인의 말을 찬찬히 살피는 게 좋다. 분명한 생각을 두루뭉술하고 애매모호하게 표현하는 온갖 기술을 배울 수 있을 테니까.

●**연관 키워드**

약어 | 애버리지니 | 차용 | 교착어 | 알파벳 | 바벨 | 개코원숭이 | 아기 | 비슬라마어 | 뇌 | 컴퓨터 번역 | 크레올 | 크로마뇽인 | 영어 할 줄 아세요? | 언어 예절 | 프랑스어 | 언어의 기능 | 글로비시 | 신 | 그리오 | 유머 | 표의 문자 | **관용구** | 인도 | 직업 | 한국어 | 어족 | 언어 다양성 | 라틴어와 프랑스어 | 문자 | 의미 | 모어 | 음악성 | 나라 | 신조어 | 노블랑그 | 숫자 | 감탄사 | **정치적 수사** | 정신 분석 | 키보드 | 구조 | 소쉬르 | 수화 | 침묵 | 은어 | 번역 | 유네스코 | 목소리 | 인터넷 | 언어의 수 | 엘리제르 벤 예후다 | 자멘호프

정신 분석

말하기의 진짜 힘은 감정을 표출해 해소하고 자신을 둘러싼 상황에 대한 인식을 변화시킬 수 있다는 데 있다. 그 힘은 예부터 지금까지 전혀 무뎌지지 않았다. 비록 말의 형식은 바뀌어 왔을지 몰라도 본질은 변하지 않았다.

Psychoanalysis

"안녕하세요, 선생님."

"안녕하세요, 부인. 자, 들어오시죠."

의사가 조심스럽게 진료실의 문을 닫는 동안 부인은 긴 침상 위에 눕는다. 의사는 침상 뒤에 앉아 무릎 위에 노트를 올린다. 청진기는 없다. "혀를 내밀고 '아' 해 보세요."라고도 하지 않는다. 반응 검사도 하지 않는다. 부인은 그저 누워 있을 뿐이다. 의사 역시 아무 말도 하지 않는다. 잠시 뒤 부인이 자신의 어린 시절이나 현재의 삶에서 일어난 사건에 대해, 아니면 예전에 꾸었던 꿈에 대해 말한다. 일단, 말문을 트고 나면 이야기는 꼬리를 물고 저절로 쏟아져 나온다. 침묵이 이어질 때도 있지만 부인은 생각나는 대로 말하고 또 말한다. 의사는 환자의 말을 기록할 뿐 거의 말하지 않는다. 주의 깊게 이야기를 듣고 있다가, 상담이 거듭됨에 따라 부인의 상황에 대한 자신의 해석을 내놓는다.

의사는 정신과 의사이며 부인은 의사에게 정신 상담을 받는 중이다. 부인은 내면의 고통 때문에 정기적으로 의사를 만나러 온다. 정신 상담을 진행하는 사람이 임상 심리사처럼 의사가 아닌 경우도 있다. 앞선 부인의 예처럼 눕지 않고 의사나 임상 심리사와 환자가 마주 앉아 대화를 나누는 경우도 있다. 하지만 정신 분석의 원칙은 언제나 같다. 환자 내면 깊은 곳의 무의식적이고 감당하기 힘든 충동을 밝혀내는 것이다. 그런데 정신 분석가는 어떻게 그런 어려운 일을 할 수 있을까?

19세기 말 오스트리아의 의사 지그문트 프로이트가 정신 분석이라는 학문 분야를 만들었다. 프로이트는 정신 상담에 대해 설명하는 글에서 "오직 말하는 일 이외에는 분석가와 환자 사이에 어떤 일도 벌어지지 않는다."라고 썼다. 프로이트에 따르면 말하기는 인간에게 자기 자신의 삶을 통제할 수 있는 힘을

준다. 말하기에는 인간의 불안을 치유할 수 있는 신비로운 능력이 있다.

그런데 제대로 된 정신 상담이 이루어지는 데는 한 가지 조건이 필요하다. 바로 환자와 의사가 같은 언어를 사용해야 한다는 점이다. 의사는 환자의 실언이나 말장난 등을 정확히 이해해 환자의 말속에 감춰진 의미를 섬세하게 분석해야 하기 때문이다. 따라서 어린 시절부터 같은 언어를 사용했던 두 사람이 만났을 때 더 정확한 정신 상담이 이루어질 수 있다.

● **연관 키워드**

약어 | 애버리지니 | 차용 | 교착어 | 알파벳 | 바벨 | 개코원숭이 | 아기 | 비슬라마어 | 뇌 | 컴퓨터 번역 | 크레올 | 크로마뇽인 | 영어 할 줄 아세요? | 언어 예절 | 프랑스어 | 언어의 기능 | 글로비시 | 신 | 그리오 | 유머 | 표의 문자 | 관용구 | 인도 | **직업** | 한국어 | 어족 | 언어 다양성 | 라틴어와 프랑스어 | 문자 | 의미 | 모어 | 음악성 | 나라 | 신조어 | 노블랑그 | 숫자 | 감탄사 | 정치적 수사 | **정신 분석** | 키보드 | 구조 | 소쉬르 | 수화 | **침묵** | 은어 | 번역 | 유네스코 | 목소리 | 인터넷 | 언어의 수 | 엘리제르 벤 예후다 | 자멘호프

키보드

전 세계적으로 컴퓨터가 널리 보급되어 이제 인터넷 없이 업무를 보는 일은 상상조차 할 수 없는 시대다. 이에 따라 키보드는 목소리를 대신하여 우리의 의사를 전달하는 가장 중요한 수단이 되었다.

Qwerty

키보드가 우리 생활에서 떼어 낼 수 없는 필수적인 도구가 된 지는 이미 오래되었다. 컴퓨터가 보급되기 이전에는 공식적인 문서를 작성할 때 대개 타자기를 이용했다. 그래서인지 컴퓨터 키보드에는 타자기와 비슷한 점들이 상당히 많다. 우선 자판 배열 방식이 거의 흡사하다. 현재 흔히 사용되는 쿼티(Qwerty) 자판이나 두벌식, 세벌식 자판은 타자기를 사용하던 시절부터 내려오는 자판 배열이다.

타자기에는 지금의 키보드에서 찾아볼 수 있는 것과 비슷한 용도의 키들이 존재했다. 우선 리턴(Return) 키가 존재했는데, 이는 문장을 작성하다가 줄을 바꾸는 용도로 사용하던 키였다. 지금 우리가 키보드에서 가장 자주 사용하는 엔터(Enter) 키의 전신이 바로 리턴 키였던 셈이다. 또한 지금의 키보드와는 용도가 조금 달랐지만, 백스페이스(Backspace)나 시프트(Shift), 탭(Tab) 키 역시 타자기에서 발견할 수 있다.

한국어는 자음과 모음을 번갈아서 조음하는 언어적 특성상 키보드로 입력할 때 효율이 높고 편리하다고 알려져 있다. 두벌식 자판은 이 같은 한국어의 특징을 잘 살린 자판 배열로 이루어져 있다. 왼손으로는 자음을, 오른손으로는 모음을 입력하도록 나뉘어 있어 두 손을 번갈아가며 입력하기 때문에 빠른 문자 입력이 가능하다. 그러나 두벌식 자판은 자음을 많이 사용하는 한국어의 특성상 왼손에 무리를 준다는 단점이 있다.

이러한 단점을 보완할 수 있는 것이 바로 세벌식 자판 배열이다. 세벌식은 한글 제자 원리에 따라 자판을 배열하여 입력하도록 설계되었는데, 일단 입력 속도가 두벌식보다 약간 더 빠르다. 세벌식 자판의 결정적인 특징은 초성, 중성, 종성의 한글 구성 요소를 한꺼번에 모아 찍는 방식을 채택한다는 점이다. 이렇게 모아 찍기를 하면 키보드로 글자를 입력하다가 실수로 자음의 순서가 뒤바뀌어도 올바른 글자로 찍힌다는 장점이 있다. 그러나 한글 이외의 언어를 입력할 때 자판 배열에 혼란을 느낄 수 있다든지, 숫자 입력이 불편하다는 단점이 존재하기도 한다.

예전에는 키보드 자판을 치는 일에 서툰 사람이 꽤 있었다. 그런 사람들이 자판을 치는 모습을 우스갯소리로 '독수리 타법'이라 부르고는 했다. 그러나 이제는 능숙하게 다루지 못하는 사람이 거의 없을 만큼 키보드는 친숙한 물건이 되었다. 현대인에게 생활 필수품이 되어 버린 키보드는 앞으로 어떻게 진화하게 될까?

● **연관 키워드**

구조

지구에 존재하는 일부 언어는 스페인 스라소니와 공통점이 있다. 바로 멸종 위기에 처해 있다는 점이다. 사람들은 어떤 동물이 멸종 위기에 처하면 그 동물을 생포한다. 그렇게 동물을 생포한 상태에서 번식을 유도하는 방법으로 멸종 위기에 처한 동물을 구해낸다.

Rescue

어떻게 해야 사용하는 사람이 점점 줄어들고 있는 언어를 멸종 위기에서 구할 수 있을까? 언어학자들은 사멸 위기에 처한 언어를 언어학적 방법으로 '생포'한다. 그 언어를 구사할 줄 아는 사람의 말을 녹음하고, 그 언어의 글자를 정리해서 기록하고, 문법책과 사전을 만드는 방법으로 언어를 생포한다. 이렇게 언어를 생포하면 그 언어에 대한 연구와 이해가 훨씬 수월해진다. 모든 언어는 복잡한 체계를 이루고 있다. 하지만 그렇게 복잡한 체계에도 불구하고 각 언어 사이에는 서로 공통점이 있다. 따라서 한 언어의 체계를 연구하면 인간 언어의 구조 전체를 더 잘 이해할 수 있게 된다.

언어학자 장클로드 리비에르는 소멸 위기에 처한 '티야무히'라는 언어를 구하기 위해 1960년대에 많은 노력을 기울였다. 티야무히는 누벨칼레도니의 소규모 공동체에서 사용되던 멜라네시아 언어다. 토착민인 카나크족에게서 티야무히에 대해 배우기 위해 리비에르는 누벨칼레도니로 향했다. 리비에르는 아내와 어린 아들 니콜라를 데리고 누벨칼레도니의 자그마한 마을에 도착했다. 그는 카나크족 부족장의 집에 머물며 티야무히를 익힐 생각이었다. 하지만 리비에르의 생각처럼 일이 그리 간단하게 흘러가지는 않았다. 마을 젊은이들은 자신들의 서투른 프랑스어를 창피해 하며 리비에르를 피해 다녔고 꼬마들은 무조건 외국인을 두려워했다. 나이 든 주민들은 장클로드가 왜 자신들의 마을에 머물고 있는지 의심의 눈초리를 보냈다.

2월이 되자 비가 억수같이 쏟아졌다. 몇몇 카나크족 사람이 장클로드의 연구에 응해 주었지만 장클로드는 여전히 티야무히를 구사할 수 없었다. '머무르다'는 '무', '도마뱀'은 '파히트'……. 몇몇 개의 단어를 익힌 것이 전부일 뿐 의사소통은 무리였다.

장클로드는 노인들이 들려주는 이야기를 녹음해 밤마다 듣고 또 들었다. 소리를 글로 옮겨 적은 다음 문장별로 분류하고, 문장을 다시 단어로 끊었다. 그렇게 해서 알아 낸 이 언어의 구조는 다른 멜라네시아 언어들과 현격히 달랐다.

이 언어의 특징은 소리의 높낮이에 따라 의미가 달라진다는 점에 있다. 이와 같은 특징을 가진 언어를 성조 언어라고 부른다. 티야무히에는 높은 톤, 중간 톤, 낮은 톤의 세 가지 성조가 있다. 티야무히의 모든 단어는 의미나 문장 성분과는 관계없이 고유한 성조를 지니고 있다. 그래서 단어뿐만 아니라 성조까지 함께 기록해야 '말소리'를 이해할 수 있는 '문자'로 변환할 수 있다.

이렇듯 공동체의 언어를 이해하기 위한 언어학자들의 오랜 노력 덕분에 소멸 위기에 처했던 수많은 언어가 소멸 위기에서 벗어날 수 있었다. 오늘날 사라져 가는 언어를 구조하는 일은 대규모 프로젝트가 되었다. 전 세계적으로 펼쳐지고 있는 '소로소로(아라키어로 '숨결, 언어'라는 뜻. 아라키어는 현재 바누아투에 사는 몇 사람만 말할 수 있는 언어다) 협회'의 여러 가지 활동이 소멸 위기에 놓인 언어를 구조하는 대표적인 프로그램이다.

●**연관 키워드**

약어 | 애버리지니 | 차용 | 교착어 | 알파벳 | 바벨 | 개코원숭이 | 아기 | 비슬라마어 | 뇌 | 컴퓨터 번역 | 크레올 | 크로마뇽인 | 영어 할 줄 아세요? | 언어 예절 | 프랑스어 | 언어의 기능 | 글로비시 | 신 | 그리오 | 유머 | 표의 문자 | 관용구 | 인도 | 직업 | 한국어 | 어족 | **언어 다양성** | 라틴어와 프랑스어 | 문자 | 의미 | 모어 | 음악성 | 나라 | 신조어 | 노블랑그 | 숫자 | 감탄사 | 정치적 수사 | 정신 분석 | 키보드 | **구조** | 소쉬르 | 수화 | 침묵 | 은어 | 번역 | **유네스코** | 목소리 | 인터넷 | 언어의 수 | 엘리제르 벤 예후다 | 자멘호프

소쉬르

Saussure

스위스의 언어학자 페르디낭 드 소쉬르는 현대 언어학의 창시자다.

Saussure

'개'라는 단어는 짖지 않는다. 왜냐하면 '개'라는 단어는 단지 '기호'('기표'라고도 한다)니까. 하지만 이 단어에는 의미가 있다. 만약 당신이 이 단어를 소리 내어 발음하거나 글로 쓴다면 그것은 발이 넷 달리고 멍멍 짖는, 집에서 기르는 동물('개'라는 단어가 가리키는 의미를 소쉬르의 이론에서는 '기의'라고 한다)을 가리키는 일이다. 하지만 '발이 넷 달리고 멍멍 짖는, 집에서 기르는 동물'이라는 개념은 '개'라는 소리와 아무 관계가 없다. 영어의 'Dog'나 독일어의 'Hund'와도 역시 관계가 없다. 다시 말해 어떤 단어의 개념과 소리는 서로 '자의적 관계'를 맺고 있다는 말이다. 자의적 관계란 서로 관계없는 두 가지 성질이 여러 사람의 합의에 따라 관련을 맺게 된 관계를 뜻한다. 이러한 자의성 때문에 개를 '개'가 아니라 '그룸프'라고 부르자고 합의한대도 의사소통에 별다른 문제가 생기지 않는다.

그런데 '발이 넷 달리고 멍멍 짖는, 집에서 기르는 동물'이라는 개념은 이웃집의 꼬마 푸들, 텔레비전에서 보았던 셰퍼드, 어린이 그림책에 그려진 강아지 그림에 이르기까지 무수히 많은 개들을 포함한다. 이처럼 "기의" 역시 어떤 특정한 사물을 가리키지는 않는다.

소쉬르가 잘 설명했듯 언어는 자의적이지만 한 언어 안에 존재하는 단어는 한정되어 있다. 하지만 그 언어 안에 속한 모든 단어를 알기는 어렵다. 직업에 따른 전문 용어나 은어, 고어와 신조어 등 한 언어에만 수만 개가 넘는 단어가 존재하기 때문이다. 그러나 이론적으로는 언어 안에 존재하는 단어가 한정되어 있으므로 모든 단어를 깨우치는 일이 불가능하지는 않다.

모든 단어는 더 작은 단위로 나눌 수 있다. 단어를 작게 나누다 보면 의미를 변화시키는 가장 작은 소리 단위까지 나눌 수 있다. 이렇게 나뉜 가장 작은 소리 단위를 음소라고 한다. 예를 들어 '길'과 '밀', '무섭다'와 '무겁다'는 서로 비슷한 단어지만 의미가 확실히 구분된다. 이 같이 아주 사소한 차이로 다른 의미의 단어를 나타낼 수 있는 것은 바로 소리의 가장 작은 단위인 음소 덕분이다.

또한 우리가 단어라고 부르는 단위는 문법 규칙에 따라 배열된다. "아이가 크레용으로 수염을 그리고 있다."라고 말할 수는 있지만 "그리고 수염을 크레용으로 아이가 있다."라고 말하면 의미가 제대로 전달되지 않는다. 단어가 속해 있는 언어 체계 내의 문법 규칙에 맞추어 단어를 사용하지 않으면 이처럼 간단한 의미도 정확히 전할 수가 없다.

이렇게 음소와 단어, 문법 규칙 간의 조화와 균형을 갖추는 일은 중요하다. 그로써 우리는 작은 기적을 경험하게 된다. 수없이 많은 말을 만들어 내고 표현할 수 있게 되는 것이다! 이 세상

어떤 사람도 이렇게 매 순간 새롭게 솟아나는 언어의 자원을 다 써 버릴 수는 없을 것이다. 우리가 발음하는 문장 하나하나는 새롭게 창작되는 예술품이며, 우리는 매 순간 문장을 창작해 내는 예술가인 셈이다.

수화

사람들은 소리를 듣지 못하는 일을 장애로 분류한다. 하지만 식욕을 잃은 사람을 두고 장애가 있다고 하지 않는다. 그도 그럴 것이 식욕을 잃어버리다니! 상상할 수조차 없는 일이 아닌가?

Sign language

소리를 듣지 못하면 사회생활이 굉장히 어려워진다. 장애인 학생과 비장애인 학생이 함께 수업을 받는 학교의 교사들에 따르면 매 학기마다 꾸준히 벌어지는 현상이 있다고 한다. 다른 사람과 쉽게 소통할 수 없는 학생이 외톨이로 남겨지는 현상이 매번 반복된다는 것이다. 청각 장애를 가진 학생들이 사회활동에 큰 어려움을 겪는 이유는 바로 여기에 있다.

청각 장애는 꽤 오랜 세월 동안 정신 장애로 치부되어 왔다. 16세기에 청각 장애를 가진 어린이를 위한 교육이 스페인에서 최초로 시도되었고, 그 뒤 1760년이 되어서야 샤를 미셸 드 레페 신부에 의해 말소리를 내지 않고도 생각을 표현할 수 있는 신호가 개발되기 시작했다. 그러나 지금과 같이 체계적인 수화가 만들어지기까지는 그로부터 200년을 더 기다려야 했다.

현재 우리는 수화로 청각 장애를 가진 사람과 소통할 수 있다. 수화는 소리를 듣지 못하는 사람이든 소리를 듣는 사람이든 누구나 배울 수 있다. 그런데 알아두어야 할 점이 있다. 수화가 세계 어디서든 사용할 수 있는 통일된 체계는 아니라는 점이다. 수화는 전 세계에 존재하는 나라들의 수만큼 그 종류가 많다.

수화에는 여러 종류가 있지만, 서로 다른 수화 체계 간에 공통점도 많이 있다. 특히 '마시다'를 뜻하는 수화는 어떤 수화든 대체로 동일한 동작이다. 대부분의 수화 체계에서 '마시다'는 컵을 들고 고개를 뒤로 젖혀서 안에 든 물을 마시는 동작으로 표현한다고 한다. 우리는 이 몸짓 언어 체계를 '수화'라고 부르고 있지만 사실 수화로 말할 때는 손만 쓰지 않고 얼굴과 손, 몸 전체를 모두 조합해서 사용한다. 심지어 얼굴 표정까지도! 그래서 수화를 배우는 일은 마임을 배우는 일과 비슷하다.

청각 장애가 있는 아기

청각 장애가 있는 아기들은 어떻게 말을 배울까? 부모가 청각 장애가 있어서 수화를 사용하는 경우에는 아기도 주변 어른들과 똑같이 손으로 말하는 방법을 배운다. 청각 장애를 가진 아기는 7개월 무렵부터 '손 옹알이'를 시작한다. 부모가 몸짓으로 의사소통하는 모습을 보고 아빠 엄마를 따라 하는 것이다. 아기는 '손 옹알이'를 할 때 마치 정말 수화를 하는 것처럼 손을 움직인다.

● **연관 키워드**

약어 | 애버리지니 | 차용 | 교착어 | 알파벳 | 바벨 | 개코원숭이 | **아기** | 비슬라마어 | 뇌 | 컴퓨터 번역 | 크레올 | 크로마뇽인 | 영어 할 줄 아세요? | 언어 예절 | 프랑스어 | 언어의 기능 | 글로비시 | 신 | 그리오 | 유머 | 표의 문자 | 관용구 | 인도 | 직업 | 한국어 | 어족 | 언어 다양성 | 라틴어와 프랑스어 | 문자 | 의미 | 모어 | 음악성 | **나라** | 신조어 | 노블랑그 | 숫자 | 감탄사 | 정치적 수사 | 정신 분석 | 키보드 | 구조 | 소쉬르 | **수화** | 침묵 | 은어 | 번역 | 유네스코 | 목소리 | 인터넷 | 언어의 수 | 엘리제르 벤 예후다 | 자멘호프

침묵

우리는 대화 중 자기 의견을 말하고자 할 때 상대방의 상황을 확인한다. 상대가 말을 확실히 끝냈는지, 덧붙이고 싶은 말은 없는지 살펴본다. 이런 행동은 상대방의 의견을 존중하며 귀 기울여 듣고 있다는 신호를 보내는 바람직한 방법이다.

Silence

사람들은 대화할 때 말과 말 사이에 침묵을 끼워 넣는다. 우리는 대개의 경우 그 침묵이 의미하는 바를 빠르게 눈치챌 수 있다. 만일 빨리 대답하라고 재촉하는 어른 앞에서 땅만 뚫어져라 바라보고 있다면 그 침묵은 어른에게 대든다는 뜻일 수도 있다. 엄청난 소식을 듣고 아무 말도 하지 않는다면, 그 침묵은 놀람이거나 기쁨일 수도 있다.

그러나 너무도 자연스럽게 지나가서 아예 의식조차 할 수 없는 침묵도 있다. 이 침묵은 아주 빠르게 말과 말의 틈 사이로 미끄러져 들어간다. 말을 시작하기 직전의 순간, 상대가 자기 이야기를 멈추고 내 말을 들을 준비가 되었다고 확신하는 바로 그 틈 말이다.

그런데 이 침묵의 길이는 문화적 관습에 따라 달라지기도 한다. 나라와 민족마다 언어 습관이 다르기 때문에 생겨나는 현상이다. 이를테면 미국인들은 대화할 때 말과 말 사이의 틈을 0.5초 정도 벌려 두는데 프랑스인은 평균 0.3초밖에 두지 않는다고 한다. 사소한 차이 같아 보이지만 이 0.2초의 차이 때문에 골치 아픈 일들이 생겨나기도 한다.

프랑스어를 아주 잘하는 미국인이 있다고 상상해 보자. 그는 아무런 문제 없이 프랑스 친구와 말이 통할 거라고 생각한다. 하지만 프랑스 친구들과 수다를 떨 때면 왠지 마음이 불편해진다. 자기가 입을 열 틈도 없이 누군가가 말을 시작해 버리기 때문이다. 앞 사람의 말을 끊었다는 인상을 주지 않으려고 잠시 기다리는 동안 누군가 말을 시작해버리기 때문에 벌어지는 현상이다. 나라와 민족마다 침묵에 대한 문화적 관습이 다르면 이처럼 오해가 발생하기도 한다.

서로를 이해하기 위한 신호

말과 침묵은 의사소통의 핵심 수단이다. 그런데 사람들은 말과 침묵의 보완책으로 몸짓, 표정, 몸의 자세 등 여러 가지 신호들을 사용한다. 이 같은 신호들은 언어보다 훨씬 단순하기는 하지만 이것들도 일종의 언어다. 특히 서로 언어로 소통할 수 없는 상황에서는 이런 신호가 꼭 필요하다. 예를 들어 운전을 하고 있는데 다른 운전자가 먼저 지나가라고 친절하게 양보해 주는 경우가 있다. 이럴 때 우리는 고맙다는 의미의 손짓을 상대방에게 해 보인다.

● 연관 키워드

약어 | 애버리지니 | 차용 | 교착어 | 알파벳 | 바벨 | 개코원숭이 | 아기 | 비슬라마어 | 뇌 | 컴퓨터 번역 | 크레올 | 크로마뇽인 | 영어 할 줄 아세요? | 언어 예절 | 프랑스어 | 언어의 기능 | 글로비시 | 신 | 그리오 | 유머 | 표의 문자 | **관용구** | 인도 | 직업 | 한국어 | 어족 | 언어 다양성 | 라틴어와 프랑스어 | 문자 | 의미 | 모어 | 음악성 | 나라 | 신조어 | 노블랑그 | 숫자 | 감탄사 | 정치적 수사 | 정신 분석 | 키보드 | 구조 | 소쉬르 | 수화 | **침묵** | 은어 | 번역 | 유네스코 | **목소리** | 인터넷 | 언어의 수 | 엘리제르 벤 예후다 | 자멘호프

S
Slang

은어

은어란 범죄자 집단과 같은 특정 집단 안에서 통용되는 말을 뜻한다. 어떻게 하면 지나가는 사람이나 경찰이 눈치챌 수 없도록 숨기면서 공범들과 범죄를 계획할 수 있을까? 이럴 때는 다른 사람이 눈치 까지 못하게(미안해요, '이해하지 못하게'죠) 새로운 단어를 만들어 내면 된다.

Slang

　은어는 서로 비슷한 환경에 처해 있거나, 공통된 목표를 가진 집단에서 발달하기 마련이다. 범죄자 집단뿐만 아니라 상인, 거지, 군인, 학생, 경찰 등 여러 집단 안에 독특한 은어가 존재한다. 은어는 이렇게 특정한 집단 안에서 서로 비밀을 유지할 목적으로 사용한다. 말 속에 담긴 참뜻을 숨기고 은어를 사용해서 대화하면 조직 내의 비밀 유지가 쉬워지는 것은 물론, 조직의 이익을 지키는 데에도 도움 되기 때문이다. 인간은 집단을 형성하고 그 안에서 이익을 추구하는 존재이기 때문에 사람들은 지속적으로 새로운 은어를 만들어내고 사용한다.

　그런데 조직의 비밀 유지가 아니라 동물의 명복을 빌어주기 위해 은어를 사용한 사람들도 있다. 바로 조선 시대의 백정들이다. 조선의 백정들은 소를 도살할 때, 소가 사람의 말을 알아듣고 공포심을 가질 수 있다고 믿었다. 그래서 소를 안심시키기 위해 소가 알아들을 수 없는 은어를 만들어 사용하기 시작했다. 몇 가지 예를 살펴보면, 우선 백정들은 소를 도축하기 전에 정화수를 뿌리는 의식을 치르곤 했는데 이 의식을 "꽃씨를 뿌린다."라고 에둘러 말하는 관습이 있었다. 또 소를 잡기 전에 소의 눈을 가리는 일을 "귀신 감투를 씌운다."라고 표현하기도 했다.

이처럼 은어를 사용하는 가장 큰 목적은 어떤 말의 뜻을 숨기는 것이다. 하지만 비밀 유지가 사람들이 은어를 만들어 사용하는 유일한 목적은 아니다. 사람들이 은어를 만드는 이유는 남과 우리를 구분하기 위해서이기도 하다. 사람들은 서로가 한 무리에 속해 있다는 사실을 확인하기 위해 은어를 만들어 사용한다. 같은 은어를 사용하고 자기들끼리만 그 의미를 공유하며 소속감을 갖는다.

하지만 때로 이런 은어들 중 일부는 조금씩 일상으로 흘러 들어오기도 한다. 점점 많은 사람들에게 그 은어가 가진 속뜻이 퍼져 나가다가 결국에는 모든 사람이 그 의미를 알게 되는 일은 의외로 흔하다. 은어에는 이렇게 서서히 퍼져 나가며 한 언어 전체에 영향을 끼치는 특성이 있다. 그렇기 때문에 사람들은 자기들끼리만 이해할 수 있게 계속해서 새로운 은어를 만들어낸다. 이것이 은어가 지속적으로 변화하는 이유다.

● **연관 키워드**

약어 | 애버리지니 | 차용 | 교착어 | 알파벳 | 바벨 | 개코원숭이 | 아기 | 비슬라마어 | 뇌 | 컴퓨터 번역 | 크레올 | 크로마뇽인 | 영어 할 줄 아세요? | 언어 예절 | 프랑스어 | 언어의 기능 | **글로비시** | 신 | 그리오 | 유머 | 표의 문자 | 관용구 | 인도 | 직업 | 한국어 | 어족 | 언어 다양성 | 라틴어와 프랑스어 | 문자 | 의미 | 모어 | 음악성 | 나라 | **신조어** | 노블랑그 | 숫자 | 감탄사 | 정치적 수사 | 정신 분석 | 키보드 | 구조 | 소쉬르 | 수화 | 침묵 | **은어** | 번역 | 유네스코 | 목소리 | 인터넷 | 언어의 수 | 엘리제르 벤 예후다 | 자멘호프

번역

우리는 학교에서 외국어를 배운다. 학교에서는 외국어를 가르칠 때 독해와 번역의 중요성을 강조한다. 번역은 상당히 전문적인 작업이다. 어떤 언어로 이루어진 문장을 다른 언어로 매끄럽게 옮기는 기술이 필요한 일이다.

유럽이나 미국 같은 서구 사회의 학생에게는 라틴어 수업 시간이 꽤 고통스러운 시간이라고 한다. 한국 학생에게도 영어로 된 문장을 해석하는 수업이 고역인 것은 마찬가지다.

하지만 외국어 실력이 어느 정도 궤도에 오르면 번역이 굉장히 매력적인 작업이라는 사실을 깨닫게 된다. 번역, 특히 문학 작품 번역은 일종의 예술이다. 번역 작업이 이루어지려면 우선 외국어로 된 글이 있어야 한다. 이 글을 자국어를 사용하는 독자가 이해할 수 있게 고치는 것이 바로 번역자가 할 일이다. 이때 번역자는 글의 의미를 옮기는 동시에 글의 감성까지도 살려서 전해야 한다. 단어와 단어의 일대일 대응으로 이루어지는 번역은 원래 글의 의미를 제대로 전달하지 못하거나 어딘가 어색하기 마련이다.

어떤 문장의 섬세한 의미를 잘 살려 번역하기 위해서 원래 글을 어느 정도 유연하게 의역하는 경우도 많다. 그러나 의역할 때 원문의 의미를 해칠 정도로 크게 글을 고쳐서는 곤란하다. 번역자는 적절한 수준으로 의역하는 법을 고민해야 한다. 좋은 번역은 독자로 하여금 자국의 고유한 문화 코드로 저자가 말하고자 했던 바를 쉽고 정확하게 이해할 수 있게 돕는 번역이다.

예를 들어 이탈리아의 인기 추리 소설 작가 안드레아 카밀레리는 시칠리아 지방색이 아주 강한 언어를 사용한다. 이 작품에는 이탈리아인만 알아들을 수 있는 재미있는 표현들이 많이 등장한다. 그런데 이 같은 표현들을 곧이 곧대로 우리말로 번역해 버리면 작품의 묘미를 하나도 살리지 못하고 만다. 팥소 없는 찐빵이나 마찬가지다. 좋은 번역가는 등장인물이 사용하는 말투와 성격, 문장과 문장 사이의 사소한 뉘앙스를 독자들이 제대로 음미할 수 있도록 번역문에 여러 가지 장치들을 심어 놓는다. 그렇게 함으로써 원작자가 표현하려고 했던 의도에 독자들이 한발짝 가까이 다가갈 수 있도록 돕는 것이다. 결국 문학 작품을 번

전쟁이냐, 번역이냐

영화 〈제다이의 귀환〉은 길고 긴 〈스타워즈〉 시리즈의 가장 마지막 편이다. 이 영화에서 프로토콜 드로이드 로봇인 C-3PO는 번역자로서의 면모를 한껏 드러낸다. C-3PO는 자신의 번역 능력을 통해 엔도의 달에 사는 이워크 족으로부터 친구들을 구해낸다. 어떻게 했느냐고? 그다지 어려운 일이 아니었다. 영화에서 C-3PO는 이워크족에게 자신은 '600만 가지의 언어'를 알고 있다고 밝힌다. 이워크족은 깜짝 놀란 나머지 C-3PO를 신으로 모신다. 번역 능력이 세상을 살아가는 데 얼마나 쓸모 있는지 여실히 보여주는 예가 아닐 수 없다.

역하는 일은 작가의 사소한 의도까지 포착해서, 독자들이 언어의 장벽을 훌쩍 뛰어넘을 수 있게 만드는 일이라 할 수 있다.

유네스코

유네스코는 교육, 과학, 문화적 교류를 통해 세계 평화가 유지되도록 끊임없이 노력을 기울이고 있다. 또한 평화롭고 안전한 세계를 만드는 것이 유네스코의 궁극적인 목표다.

• 다음 그림은 유네스코 세계 유산 중 각각 무엇을 나타낼까? (답은 176쪽에)

UNESCO

호기심 많은 독자를 위해 '유네스코'라는 이름이 영문 약어라는 사실을 짚고 넘어가려 한다. 유네스코는 '국제 연합 교육 과학 문화 기구'를 뜻하는 영문 United Nations Educational, Scientific and Cultural Organization의 머리 글자를 따서 만든 약어다. 1990년대부터 유네스코는 인류의 전통 문화와 철학, 기술과 같은 무형의 유산에 흥미를 가졌는데 그중에는 언어도 포함된다.

한 언어가 사라지면 그 언어를 사용하는 사람들의 문화도 함께 사라진다. 그러면서 세계화, 산업화된 사회에 서서히 물들어 그들의 삶을 풍요롭게 해 주었던 관습들을 잃어버린다. 이러한 현상은 절대 바람직하지 않다.

유네스코 세계 유산에 등재된 언어인 '자파라어'를 예로 들어 보자. 에콰도르의 아마존 밀림에 사는 자파라 부족은 이제 겨우 1,500명 정도만 남아 있다.

플랜테이션 농장을 개척하기 위해 유럽인들이 아마존 밀림까지 진출하면서 자파라 부족의 문화가 쇠락하기 시작했다. 유럽인들은 폭력을 동원해 원주민을 노예로 삼았고 유럽에서 유입된 새로운 질병이 퍼져 자파라 부족은 큰 피해를 입었다.

십여 년 전, 자파라 부족의 마지막 샤먼이 세상을 떠났다. 샤먼은 자파라 부족에게 있어 종교 지도자이자 치료사였다. 샤먼은 질병에 효험이 있는 약초에 대한 많은 정보를 알고 있었고 젊은 이들에게 자파라어로 선조들의 가르침을 전해 주는 존재였다.

자파라 부족의 샤먼이 사라진 지금, 자파라족 어린이들은 학교에서 에콰도르의 공식 언어인 스페인어와 케추아어를 배운다. 이웃 마을과 교류가 잦아지다 보니 어른들도 자파라어보다 케추아어를 더 자주 쓴다.

사라져 가는 자파라어를 복원하려고 안간힘을 쓰고 있지만 이들의 언어는 멸종 위기에 처해 있다. 더욱이 자파라어에는 문자가 없다. 자파라어를 구사할 수 있는 사람들이 사라지고 나면 자파라족이 살던 아마존 강 유역의 동식물에 대한 지식은 물론이고 이 부족의 삶의 방식에 대한 지식도 전부 사라져 버리고 말 것이다.

P.175 문제의 정답

① 쓰촨성 자이언트 판다　　　② 기자의 피라미드
③ 릴라 수도원　　　　　　　④ 라파누이 국립 공원
⑤ 그레이트 배리어 루프　　　⑥ 프랑스 음식 문화
⑦ 바미얀 석불(지금은 존재하지 않는다)　⑧ 자파라어

휘파람 언어

실보 고메로라는 언어는 2009년 인류 무형 유산에 등재되었다. 이 언어는 유네스코 세계 유일의 휘파람 언어. 카나리아 제도의 섬 중 하나인 라고메라 섬의 주민 2만 2,000명이 실보 고메로를 쓴다. 이 독창적인 언어는 스페인어를 휘파람 소리로 바꾸어 대화한다. 휘파람을 두 번 불면 모음, 네 번 불면 자음이 되는 식이다. 또한 휘파람 소리의 높낮이와 장단으로 뜻을 구별한다. 이 언어가 사라지는 것을 막기 위해 1999년부터 고메라 섬의 학교에서는 실보 고메로를 정식 과목으로 가르치고 있다.

●**연관 키워드**

약어 | **애버리지니** | 차용 | 교착어 | 알파벳 | 바벨 | 개코원숭이 | 아기 | 비슬라마어 | 뇌 | 컴퓨터 번역 | 크레올 | 크로마뇽인 | 영어 할 줄 아세요? | 언어 예절 | 프랑스어 | 언어의 기능 | 글로비시 | 신 | **그리오** | 유머 | 표의 문자 | 관용구 | 인도 | 직업 | 한국어 | 어족 | 언어 다양성 | 라틴어와 프랑스어 | 문자 | 의미 | 모어 | 음악성 | 나라 | 신조어 | 노블랑그 | 숫자 | 감탄사 | 정치적 수사 | 정신 분석 | 키보드 | 구조 | 소쉬르 | 수화 | 침묵 | 은어 | 번역 | **유네스코** | 목소리 | 인터넷 | 언어의 수 | 엘리제르 벤 예후다 | 자멘호프

목소리

우리는 말할 때 별로 힘들이지 않고 목소리를 사용한다. 매일 듣는 자기 목소리를 신기해 하는 사람은 거의 없다. 특히 목소리가 잘 나올 때는 더욱 그렇다. 그런데 목소리는 어떠한 과정을 거쳐 나오는 것일까?

Voice

목소리를 내기 위해서는 공기가 필요하다. 숨을 들이쉬면 폐에 공기가 차오르고 숨을 내쉬면 이 공기가 몸에서 나간다. 공기는 우리 몸에 들어왔다가 밖으로 나가면서 목소리를 만드는 재료가 된다. 공기가 몸 밖으로 나갈 때는 후두라고 불리는 목의 좁은 통로를 지나가는데, 이때 후두에 위치한 성대가 떨리면서 목소리를 낸다.

이처럼 공기가 진동할 때 비로소 목소리가 만들어진다. 그렇지만 목에서 나오는 소리가 전부 언어가 되는 것은 아니다. 웃거나, 흐느껴 울거나, 콧노래를 흥얼댈 때 목에서 나오는 소리는 단순히 소리일 뿐이다. 목소리가 언어가 되기 위해서는 후두보다 좀 더 위쪽에 위치한 '말의 공장'에서 소리를 형성해야 한다. '말의 공장'이란 입천장, 턱, 입술, 치아, 혀 등으로 이루어져 있는 입이다. 우리는 입 속에서 공기를 울려 모음을 발음하고, 혀를 부딪치고 구부려서 자음을 소리 낸다.

말하기는 이처럼 아주 복잡한 작업을 거쳐 일어나는 사건이다. 보거나 듣는 일과는 다르다. 어떤 사물을 보기 위해서는 눈만 있으면 되고, 어떤 소리를 듣기 위해서는 귀만 있으면 된다. 이와 달리 인체의 어떤 기관 하나만 가지고는 말을 할 수 없다.

목소리를 내기 위해서는 여러 기관의 도움이 필요하다. 그것도 호흡이라는 생명과 직결된 임무를 수행하는 중요한 기관들을 사용해야 한다.

우리는 말할 때 자기 자신의 목소리를 듣는다. 소리가 근육과 뼈를 진동시키며 두개골 안쪽을 통해 귀까지 울려 퍼지기 때문이다. 그 덕분에 목소리를 조절할 수 있다. 자기 목소리가 적당한 크기인지 체크하며 이야기할 수 있는 것이다. 이렇게 만들어진 목소리는 다른 사람에게 전달된다. 우리가 입 밖으로 내보낸 목소리가 공기를 진동시키며 허공을 날아가 상대방의 바깥귀로 들어가서 고막을 지나 뇌까지 전달된다.

● 연관 키워드

약어 | 애버리지니 | 차용 | 교착어 | 알파벳 | 바벨 | 개코원숭이 | 아기 | 비슬라마어 | 뇌 | 컴퓨터 번역 | 크레올 | 크로마뇽인 | 영어 할 줄 아세요? | 언어 예절 | 프랑스어 | **언어의 기능** | 글로비시 | 신 | 그리오 | 유머 | 표의 문자 | 관용구 | 인도 | 직업 | 한국어 | 어족 | 언어 다양성 | 라틴어와 프랑스어 | 문자 | 의미 | 모어 | **음악성** | 나라 | 신조어 | 노블랑그 | 숫자 | 감탄사 | 정치적 수사 | 정신 분석 | 키보드 | 구조 | 소쉬르 | 수화 | 침묵 | 은어 | 번역 | 유네스코 | **목소리** | 인터넷 | 언어의 수 | 엘리제르 벤 예후다 | 자멘호프

인터넷

인터넷은 세계적 규모의 통신 수단으로, 오늘날 전 세계에서 사용되고 있다. 그렇기 때문에 인터넷에서는 언어의 민주주의가 이루어져 있다고 생각하기 쉽다. 인터넷은 원칙적으로 언어와 관계없이 모든 사람에게 열려 있으니까.

'인터넷 월드 스탯(Internet World Stats)'의 2009년 통계에 따르면 인터넷에서 주로 사용하는 언어들은 생각만큼 다양하지 않다고 한다. 그 언어들은 다음과 같다.

사용자 수가 많은 순서대로 영어, 중국어, 스페인어, 일본어, 프랑스어, 포르투갈어, 독일어, 아랍어, 러시아어, 한국어 순이다. 순위에 오른 언어들을 보면 그리 놀랍지는 않다. 우리에게 친숙할 만큼 많이 사용되는 언어들이기 때문이다. 반면 인터넷을 사용하는 15억 명 중 위에 언급한 언어들 이외의 언어를 쓰는 사람은 모두 합쳐도 고작 2억 5,800만 명에 불과하다.

15억 명의 인터넷 이용자 중 영어를 사용하는 인구는 약 4억 6,300만 명이다. 하지만 지난 10년 간 영어 사용자는 아랍어 사용자보다 더디게 증가했다. 웹상의 영어 사용자가 226퍼센트 증가한 데 비해 아랍어 사용자는 1,545퍼센트 늘어난 것이다. '아랍의 봄' 운동이 일어났을 당시 인터넷이라는 미디어가 해낸 역할을 생각하면 아랍어 사용자가 이토록 늘어난 이유를 쉽게 납득할 수 있다. '아랍의 봄' 운동이란 2011년 아랍에서 촉발된 민주주의를 위한 민중 운동을 말한다.

또 다른 측면에서 바라볼 수도 있다. 프랑스 시민 단체인 '인터넷상의 문화 및 언어 다양성 관측소'가 조사한 바에 따르면 인터넷상의 언어 주도권은 여전히 영어가 휘어잡고 있다고 한다. 현재 인터넷 웹 페이지의 45퍼센트는 거의 영어로 되어 있다. 독일어는 그보다 한참 뒤처진 7퍼센트로 2위를 달리고 있으며, 뒤이어 프랑스어로 된 웹 페이지가 전체의 5퍼센트를 차지하고 있다. 전 세계 언어의 90퍼센트, 다시 말해 약 5,400가지의 언어는 웹상에 거의 등장하지 못하고 있다는 말이다.

어떤 언어가 인터넷에서 널리 사용되기 위해서는 다음과 같은 기본 바탕이 필요하다. 우선 컴퓨터가 널리 보급되어 있어야 하고, 인터넷 접속 환경이 마련되어야 하며, 표준 규정에 의해 확립된 활자 체계와 그에 맞는 키보드가 필요하다(물론 온라인 키보드도 있다. 예를 들어 온라인 아랍어 키보드처럼).

라틴 알파벳의 경우 프랑스어 자판(AZERTY)과 영어 자판(QWERTY)은 자판 배열에 조금씩 차이가 있다. 하지만 대체로 두 언어의 키보드 자판 배열이 비슷한 편이라 호환해서 사용하는 데는 별 무리가 없다. 반면 라틴 알파벳이 아닌 다른 문자를 쓰기 위해서는 그에 맞는 자판이 필요하다.

살펴본 것처럼 웹상에서 사용되는 언어들 사이에는 권력 관계가 존재한다. 또한 각 나라마다 언어 체계가 달라서 서로 소통하는 데 특별한 노력이 필요하기도 하다. 하지만 너무 복잡하다고 절망하지는 말자. 인터넷에는 외국어를 배울 수 있는 다양한 방법이 소개되어 있을 뿐 아니라 전 세계의 언어 및 문화 공동체와 손쉽게 의사소통할 수 있는 기회도 열려 있다. 자, 이제부터 컴퓨터를 켜고 세계 여러 나라의 친구들과 어울리며 외국어 실력을 키워 보는 건 어떨까.

● 연관 키워드

약어 | 애버리지니 | 차용 | 교착어 | 알파벳 | 바벨 | 개코원숭이 | 아기 | 비슬라마어 | 뇌 | 컴퓨터 번역 | 크레올 | 크로마뇽인 | 영어 할 줄 아세요? | 언어 예절 | 프랑스어 | 언어의 기능 | 글로비시 | 신 | 그리오 | 유머 | 표의 문자 | 관용구 | 인도 | 직업 | 한국어 | 어족 | 언어 다양성 | 라틴어와 프랑스어 | 문자 | 의미 | 모어 | 음악성 | 나라 | 신조어 | 노블랑그 | 숫자 | 감탄사 | 정치적 수사 | 정신 분석 | 키보드 | 구조 | 소쉬르 | 수화 | 침묵 | 은어 | 번역 | 유네스코 | 목소리 | 인터넷 | 언어의 수 | 엘리제르 벤 예후다 | 자멘호프

언어의 수

힌디어, 스와힐리어, 케추아어, 베르베르어, 아랍어, 터키어, 영어, 한국어,
자바어, 미얀마어, 수단어, 아프리칸스어…….

세상에는 무수히 많은 언어가 존재하고 있다. 연구에 따르면 지구상에는 대략 6,000여 개의 언어가 있는 것으로 추정된다고 한다. 전 세계 언어의 개수를 정확히 세는 일은 사실상 불가능하기 때문에 '약' 6,000가지로 추정할 뿐이다. 이러한 언어들 중에는 아직까지 우리에게 거의 알려지지 않은 언어도 많고, 흔하게 사용되다 보니 한 국가의 공식 언어로 채택되어 널리 사용되고 있는 언어도 있다.

지구상에서 사용자가 가장 많은 언어는 바로 표준 중국어다. 현재 전 세계에서 무려 12억 명가량이 표준 중국어를 사용할 줄 아는 것으로 알려져 있다. 이 12억 명 안에는 표준 중국어가 모국어인 사람도 있고, 중국어 학습을 통해 의사소통만 가능한 사람도 있다. 그다음 순서가 남미와 유럽, 미국에서 널리 사용되는 스페인어다. 영국과 미국, 오스트레일리아 등지에서 주로 사용되는 영어와 인도와 방글라데시에서 주로 사용되는 힌디어가 스페인어의 뒤를 잇고 있다.

'오어'라는 언어에 대해 들어본 적이 있는가? 중국에서 1억 8,000만 명이 구사하는, 세계에서 열일곱 번째로 사용자가 많은 언어다. 마라티어에 대해서 들어본 적은 있는가? 마라티어는 인도에서 중국의 오어만큼이나 많이 사용되고 있는 언어다.

언어의 세계는 마치 오랫동안 버려져 있던 정글 속처럼 무궁무진한 분야다. 어떻게 해서 이토록 수많은 언어가 세상에 생겨날 수 있었을까? 세상에 언어가 이렇게 많은데 어떻게 모든 언어가 제각각 다른 특징을 가지고 있을까?

사실 언어들 사이에는 비슷한 점이 많이 있다. 언어학자들은 비슷한 언어를 큰 무리로 묶는 데 성공했다. 언어학자들은 이렇게 같은 무리에 속한 언어들이 하나의 공통된 언어에서 갈라져 나온 것이라 주장한다.

한편 아주 적은 수의 사람만 사용하고 있는 언어도 많다. 이러한 언어들은 사라질 위기에 처했다고 볼 수 있을 정도로 거의 쓰이지 않는다. 마치 멸종 위기인 동물처럼! 실제로 지금 사용되고 있는 6,000가지 언어 중 약 절반가량이 한 세기 뒤에 멸종할 가능성이 무척 높다고 한다. 녹음을 통해 그 언어를 기록하거나 사전이나 문법 책 같은 자료는 남길 수 있겠지만 실제로 아이들에게 그 말을 가르칠 수 있는 사람은 사라질 것이다.

●**연관 키워드**

약어 | 애버리지니 | 차용 | 교착어 | 알파벳 | 바벨 | 개코원숭이 | 아기 | 비슬라마어 | 뇌 | 컴퓨터 번역 | 크레올 | 크로마뇽인 | 영어 할 줄 아세요? | 언어 예절 | 프랑스어 | 언어의 기능 | 글로비시 | 신 | 그리오 | 유머 | 표의 문자 | 관용구 | 인도 | 직업 | 한국어 | 어족 | **언어 다양성** | 라틴어와 프랑스어 | 문자 | 의미 | 모어 | 음악성 | **나라** | 신조어 | 노블랑그 | 숫자 | 감탄사 | 정치적 수사 | 정신 분석 | 키보드 | **구조** | 소쉬르 | 수화 | 침묵 | 은어 | 번역 | **유네스코** | 목소리 | 인터넷 | **언어의 수** | 엘리제르 벤 예후다 | 자멘호프

엘리제르 벤 예후다

1882년, 벤 시온 예후다가 어머니 배 속에서 나오자마자 그의 아버지는 중요한 임무 하나를 아들에게 떠맡겼다. 그 임무란 이미 2000년 전에 사어가 된 히브리어를 되살리는 일이었다.

Yehuda
Eliezer Ben

히브리어가 완전히 죽어버린 언어는 아니었다. 성경을 원문으로 읽어야 하는 성직자나 유대교 학자들은 히브리어를 사용하고 있었다. 그래도 히브리어를 살아 있는 언어라고 할 수는 없었다. 빵집에 가서 히브리어로 빵을 주문하는 사람은 아무도 없었으니까.

그런데 어떻게 이런 어마어마한 임무가 벤 시온이라는 갓난아이에게 떨어진 것일까? 물론 아기에게는 선택의 여지가 없었다. 벤 시온의 아버지 엘리제르 벤 예후다는 러시아에서 태어난 유대인이었는데, 히브리어가 일상생활에서 통용되는 언어로 되살아날 수 있다고 철석같이 믿고 있었다. 그는 유대 민족이 이스라엘 땅에서 유대인의 고유한 언어인 히브리어를 사용하며 살아가야 한다고 굳게 믿는 사람이었다.

아버지의 믿음 때문에 벤 시온은 세계에서 유일하게 히브리어를 제1언어로 사용하는 어린이가 되어야 했다. 벤 시온은 태어난 직후부터 아버지와 어머니 그리고 몇 명의 어른들에게만 둘러싸여 살았다. 벤 시온의 주변에 또래 친구는 단 한 명도 없었다. 사람들은 히브리어로만 벤 시온에게 말을 걸어야 했다. 히브리어에는 일상어가 많지 않았기 때문에 쉬운 일이 아니었다. 그

럼에도 "Rak Ivrit.", 즉 "오직 히브리어."는 여전히 아버지의 좌우 명이었다.

하지만 문제가 생겼다. 아이가 말을 하려 들지 않았던 것이다. 해가 거듭되어도 벤 시온은 여전히 입을 열지 않았다. 그러다가 네 살이 되었을 때 드디어 벤 시온이 말문을 열었다. "Aba!" 히브리어로 '아빠'라는 말이었다. 벤 시온은 2000년 만에 처음으로 제1언어가 히브리어인 아기가 되었다.

7년 뒤인 1909년 예루살렘에는 히브리어를 사용하는 가족이 열일곱 가구나 생겨났다. 교사들은 히브리어를 살리기 위한 온갖 노력을 기울였다. 아이들은 학교에서 히브리어를 배웠고, 사라진 단어는 아랍어 어원을 이용해 되살리거나 유럽 언어에서 차용해 새롭게 만들어 냈다. 성경이 기록된 시대에는 없었던 자전거, 전기 같은 신식 문물에도 이름을 붙이는 작업이 이루어졌다.

그로부터 100년이 흐른 현재, 많은 사람들이 몽상가라고 비웃었던 엘리제르 벤 예후다의 아버지 덕분에 1,500만 명이 넘는 사람들이 날마다 히브리어로 말하며 생활한다. 그리고 이 언어는 이스라엘의 공식 언어가 되었다.

● 연관 키워드

자멘호프

루도비코 자멘호프는 바벨탑 이야기에서 신이 내린 징벌과는 정반대의 일에 도전했다. 바로 에스페란토라는 언어를 만든 것이다. 그는 에스페란토가 아주 단순하기 때문에 누구나 빨리 배울 수 있고, 더 많은 사람이 에스페란토를 익혀 세계인이 한 가지 언어로 소통해야 한다고 생각했다.

Zamenhof

자멘호프가 바란 세상은 결국 이루어지지 못했다. 하지만 에스페란토가 사람들의 필요를 어느 정도 충족시킨 것은 분명하다. 비록 기대한 만큼 사람들에게 널리 퍼지지는 못했지만 발명된 지 150년 가까이 지난 지금도 활발히 쓰이고 있기 때문이다. 에스페란토의 탄생은 다음과 같이 시작되었다.

1874년, 러시아에 병합된 폴란드에 비알리스토크라는 마을이 있었다. 그곳에는 각각 폴란드어, 러시아어, 독일어를 사용하는 공동체가 서로 이웃해 있었다. 고등학교에 진학한 루드비코 자멘호프는 라틴어와 러시아어에 심취해 열정적으로 공부했다. 그러던 어느 날 거리를 걷던 자멘호프는 두 남자가 각자 자기 나라 말로 서로를 욕하는 모습을 보게 되었다. 한 사람은 독일어를, 다른 사람은 폴란드어를 쓰고 있었다. 자멘호프는 그 지역에서 날마다 일어나는 이런 말다툼에 신물이 날 지경이었다.

유대인이었던 자멘호프는 스스로의 표현에 따르면 "오래전부터 죽은 언어(히브리어)로 신에게 기도해야 했고, 유대인들을 차별하는 분위기 속에서 교육받으며 자랐으며, 전 세계에 같은 민족이 있었지만 서로 말이 통하지 않았"기 때문에 혼란 속에서 자랄 수 밖에 없었다. 갈등 속에서 자라난 자멘호프는 서로 말이

통하지 않으면 평화를 지키기 어렵다는 사실을 깨닫게 되었다. 말이 잘 통하지 않는 채로 대화를 나누다 보면 금세 오해가 생겨난다는 사실을 알게 된 것이다. 자멘호프는 평화로운 세상이 오기를 그저 앉아서 기다리고 싶지는 않았다.

자멘호프는 자신이 꿈꾸는 세상을 만들기 위해 실천하기 시작했다. 그는 겨우 열다섯 살에 새로운 언어를 만들 기초를 세웠다. 자멘호프는 자신이 만든 언어가 그 누구의 모국어도 아니므로 권력 다툼과 무관한 중립적인 언어가 될 수 있을 거라고 생각했다. 세계 평화를 위한 위대한 언어가 탄생한 순간이었다.

자멘호프는 누구든 배우기 쉬운 언어를 만들어야 한다고 생각했다. 최대한 많은 사람들이 이 언어를 배워 사용할 때 그가 꿈꾸는 차별 없는 새로운 세상이 가능했기 때문이었다.

스물여덟 살, 젊은 의대생이었던 자멘호프는 러시아의 검열을 피해 '독토로 에스페란토', 즉 '꿈꾸는 의사'라는 뜻의 가명으로 책 한 권을 출판했다. 자멘호프는 이 책에서 자신이 발명한 '국제어'를 설명했고 이 언어는 곧 에스페란토라는 이름으로 널리 알려지게 되었다.

핀란드의 언어학자 요쿼 린스테드는 전 세계에서 에스페란토를 자유자재로 사용할 수 있는 사람이 최소한 100만 명에 이른다고 추정한다. 에스페란토는 다른 외국어보다 훨씬 빨리 배울 수 있어서 누구나 빠르게 익혀 쉽게 교류할 수 있다.

에스페란토는 문법 규칙이 단순하며 문법에 예외가 없어 배우는 사람이 혼란을 겪지 않는다. 또한 묵음 없이 모든 철자를 발음하며 교착어의 생성 원리를 따랐다. 따라서 단어를 학습할 때 논리적으로 따져보면 더 빠르게 외울 수 있다.

퀴즈

각 문제에는 답이 여러 개 있을 수 있다. 정답은 1점. 답을 모를 때는 0점,
틀리면 1점을 빼자. 공정하게 채점해야 한다.

01 유머란?
① 영어로 사랑이라는 뜻이다.
② 말장난을 통해 생활에 웃음을
더하는 기술이다.
③ 다른 사람들을 비웃으며 즐거워
하는 일이다.

02 나무 언어란?
① 아마존 유역에 사는 사람들이
사용하는 언어이다.
② 정치인 특유의 말하는 방식으로 불
쾌한 주제를 피하기 위해 사용한다.
③ 러시아의 고유한 화법이다.
④ 상상의 언어이다.

03 에스페란토를 발명한 사람은?
① 루도비코 자멘호프이다.
② 지그문트 프로이트이다.
③ 벤 시온 예후다이다.
④ 폴 베를렌이다.

04 성대는?
① 띠로 이루어져 있다.
② 실로 이루어져 있다.
③ 관으로 이루어져 있다.
④ 일종의 주름으로 이루어져 있다.

**05 전 세계에서
사용되는 언어의 수는?**
① 약 200가지이다.
② 약 1,000가지이다.
③ 약 6,000가지이다.
④ 약 10,000가지이다.

06 중국인들이 쓰는 글자는?
① 알파벳이다.
② 표의 문자이다.
③ 두 가지 문자를 섞어 사용한다.
④ 없다.

07 숫자 0이 발명된 곳은?
① 인도이다.
② 프랑스이다.
③ 에티오피아이다.
④ 미국이다.

08 베르니케 영역은?
① 수학 이론의 한 종류이다.
② 달에 있다.
③ 뇌에 있다.
④ 아마존에 있다.

피진은?

① 매우 희귀한 돼지의 한 종류가 사용하는 언어이다.
② 서로 다른 언어를 사용하는 두 공동체에 의해 만들어진 언어이다.
③ 이랍어를 배우는 중국인을 가리킨다.
④ 중국어를 배우는 프랑스인을 가리킨다.

10 노블랑그는?

① 조지 오웰이 자신의 소설 〈1984〉에서 만들어 낸 언어이다.
② 트리스탄과 이졸데가 몰래 사랑을 속삭이기 위해 만들어 낸 언어이다.
③ 뉴기니에서 사용하는 언어이다.
④ 뉴질랜드에서 사용하는 언어이다.

11 청각 장애인들이 몸짓으로 의사소통하는 일을?

① 수다를 떤다고 한다.
② 재잘댄다고 한다.
③ 손으로 글을 쓴다고 한다.
④ 수화를 한다고 한다.

12 스위스에서 사용하는 언어는?

① 프랑스어 하나이다.
② 독일어와 프랑스어, 두 가지이다.
③ 독일어, 프랑스어, 이탈리아어, 세 가지이다.
④ 프랑스어, 이탈리아어, 독일어, 로망슈어, 네 가지이다.

정답

1. ② 2. ② 3. ① 4. ④ 5. ③ 6. ② 7. ① 8. ③ 9. ② 10. ① 11. ④ 12. ④

-12~-0점

올바른 언어 생활을 위해 지식을 더 쌓자.

-1~5점

언어에 관한 기본 소양을 갖췄다.

6~12점

언어학자가 되어 세계 여러 나라의 언어를 연구해 보면 어떨까?

많은 사람이 동물 종 다양성을 보존해야 한다고 말한다. 매우 바람직한 현상이다. 그러나 식물 종 다양성을 보존해야 한다는 사람 수는 이보다는 적다. 아쉬운 일이 아닐 수 없다. 그렇다면 언어의 다양성을 지키자는 사람은 얼마나 될까? 다른 분야와 비교해 보았을 때 거의 찬밥 신세에 가깝다고 할 수 있다.

하지만 세상의 모든 일은 서로 관련이 있다. 만약 어떤 언어가 사라질 위기에 처했다고 상상해 보자. 그 지역 아이들은 학교나 공동체 내에서 자신들의 언어를 더는 배울 수 없게 된다. 그렇게 언어를 잃게 되면, 그 지역에서 나고 자라는 갖가지 약용 식물이나 생물에 대한 지식을 전달할 길이 사라지고 만다. 그 지역에서 쌓아 올린 다양한 문화적 자산들도 함께 사라지고 마는 셈이다.

현재 사하라 이남의 아프리카 지역에서는 약 2,000개 언어가 사용되고 있다. 그런데 만약 백 년 뒤에 이 언어들 중 200개만 살아남게 된다면 어떨까? 이는 인류가 스스로 쌓아올린 귀중한 재산의 일부를 잃어버리는 일이다. 불행하게도 인류는 현재 이렇게 귀중한 언어들을 속속 잃어버리고 있으며 앞으로도 그러한 현상이 지속될 가능성이 높다. 몇몇 힘 있는 언어들이 세상을 지배하고 있기 때문이다. 우리가 매일 사용하는 인터넷만 살펴

보아도 확실히 알 수 있는 사실이다. 인터넷에 올라오는 게시물의 90퍼센트는 고작 열두 개 언어로만 작성된다고 한다.

그런데 사람들이 존재조차 모르는 언어를 어떻게 소멸 위기에서 구할 수 있을까? 나는 학교에서 학생들을 가르치고 있는데, 학생들조차 이 문제에 관심이 별로 없다. 전 세계에 존재하는 언어가 몇 개쯤 되는지 물었을 때 제대로 대답하는 사람도 거의 본 적이 없다.

이러한 상황에서 이 책이 우리의 미래인 젊은이들에게 언어에 관한 아주 짧은 지식이라도 심어 줄 수 있다면 거기서부터 변화가 시작될 수 있지 않을까? 저자로서 이 책이 세계화만 강조하는 잘못된 사회 분위기 탓에 사라져가는 다양한 소수 언어들의 가치에 대해 생각해 볼 기회를 마련해 주었으면 한다. 또한 이 작은 노력과 기회가 점차 사라져 가는 소중한 언어들을 구할 수 있는 초석이 되기를 꿈꿔 본다.

청소년 지식수다 4
언어가 사라지면 인류는 어떻게 될까?

실비 보시에 지음 ┃ 배형은 옮김 ┃ 이기용 감수

초판 인쇄일 2014년 11월 21일 ┃ 초판 발행일 2014년 11월 30일
펴낸이 조기룡 ┃ 펴낸곳 내인생의책 ┃ 등록번호 제10-2315호
주소 서울시 강서구 가양동 52-7 강서 한강자이타워 A동 306호
전화 (02)335-0449, 335-0445(편집) ┃ 팩스 (02)6499-1165
전자우편 bookinmylife@naver.com ┃ 카페 http://cafe.naver.com/thebookinmylife
편집장 이은아 ┃ 편집1팀 신인수 이지연 이다겸 김예지 ┃ 편집2팀 박호진 이성빈 조정우 이동원
디자인 양은정 심재원 안나영 ┃ 경영지원 김지연 ┃ 마케팅 이성민 서영광

TA'S LA TCHATCHE
BY Sylvie Baussier & Anne Rauqauette
Copyright ⓒ GULF STREAM EDITEUR (Saint-Herblain), 2012
Korean translation copyright ⓒ TheBookinMyLife Publishing Co. Ltd., 2014
All rights reserved.
This Korean edition was published by arrangement with
GULF STREAM EDITEUR (Saint-Herblain)
through Bestun Korea Agency Co., Seoul

이 책의 한국어판 저작권은 베스툰 코리아 에이전시를 통해
저작권자와의 독점계약으로 도서출판 내인생의책에 있습니다.
저작권법에 의해 한국 내에서 보호를 받는 저작물이므로 무단전재와 무단복제를 금합니다.

ISBN 979-11-5723-130-0 44300
ISBN 978-89-97980-93-2 44300(세트)

이 도서의 국립중앙도서관 출판시도서목록(CIP)은 서지정보유통지원시스템 홈페이지(http://seoji.nl.go.kr)와
국가자료공동목록시스템(http://www.nl.go.kr/kolisnet)에서 이용하실 수 있습니다.(CIP제어번호: CIP2014031120)
책값은 뒤표지에 있습니다. 잘못된 책은 구입처에서 바꾸어 드립니다.